KOELKOP

KOELKOP

Sleutels om "mentally tough"
te wees in situasies van druk

Jannie Putter

Hierdie boek is oorspronklik in 2012 gepubliseer deur Lux Verbi
('n druknaam van NB Uitgewers)

Hersiende weergawe 2020:
ISBN: 978-1-77605-644-6
e-ISBN: 978-1-77605-643-9

Omslagontwerp deur Anita Stander
Taalversorging deur Anine Vorster
Teksuitleg deur Richard Jones
Geproduseer deur Kwarts Publishers
www.kwartspublishers.co.za

Direkte bestellings:
Jannie@jannieputter.co.za
www.jannieputter.co.za

INHOUD

Voorwoord vii

1. Sien dit 1
2. Wees seker 11
3. Mik regs, nie links nie..................................... 23
4. Ja, dis jy! 29
5. Moeilik of maklik? 39
6. Breek vry! 47
7. Koppel jou drade 57
8. Maak seker jy het 'n valskerm 65
9. So sterk soos die swakste skakel....................... 73
10. Die swape! 83
11. Ek het kop verloor! 93
12. Al voel jy nie daarna nie – doen dit net!.............. 99
13. Maak seker jy wen altyd 107
14. Bons terug 117
15. Wees jy die een 131
16. Gee die doodskoot........................... 137
17. Asof 145
18. Verstadig jou pas 153
19. Die *zone*.................................... 163
20. Die laaste sleutel 175

Bylae.. 183

VOORWOORD

Wat beteken dit om koelkop te wees?

Dit beteken dat jy in staat is om enige situasie in die lewe of in kompetisie op 'n volwasse en meesterlike wyse te hanteer en optimale resultate te behaal soos wat dit vir jou op daardie oomblik moontlik is. Dit veronderstel ook dat jy die wysheid het om te weet dat die lewe en kompetisie baie meer is as om net te wen op 'n telbord – dit gaan oor wat jy word as mens!

Nog 'n definisie: Geestelike taaiheid is 'n natuurlike of aangeleerde sielkundige voorsprong wat jou in staat stel om in druk situasies of in ongunstige omstandighede beter te presteer as teenstanders of as die deursneepersoon. In die besonder beteken dit om deurlopend 'n hoë vlak van prestasie of lewensgehalte te handhaaf, om selfversekerd op te tree en om in beheer te wees van jou emosies in situasies van intense druk of wedywering.

IS DIT NODIG DAT ONS KOELKOP MOET WEES?

Dit is elkeen wat aan sport deelneem se droom. Om geestelik taai te wees, is egter nie beperk tot die sportarena nie: Dit onderskei mense op alle vlakke van die samelewing. Koel-kopdenke onderskei die uitsonderlike van die gemiddelde, die superster van die dromer, die wenner van die verloorder en sukses van mislukking.

In die geskiedenis lees ons verhale van mense wat gekon-fronteer was met haglike en ongunstige omstandighede, maar wat ten spyte daarvan die omstandighede met prysenswaardige karakter en uitsonderlike vasberadenheid te bowe gekom het. Die koerante is vol verhale van nuwe wêreldkampioene wat die grense van prestasie ál hoër skuif. Rekords word deurentyd gebreek. Nuwe dinge word daagliks ontdek en nuwe ontwikkelings het geen einde nie. Dit lyk asof daar geen grense is nie.

Sê nou daar is werklik geen grense nie?

Sê nou die enigste grense is die grense van dit wat ons glo?

Hierdie gedagte is glad nie vergesog nie. Dis deur die eeue heen bewys. Rekords wat in die verlede onoortrefbaar gelyk het, word daagliks gebreek.

Sê nou net enigiets is inderdaad moontlik?

> Die enigste manier om die grense van die
> "onmoontlike" te ontdek is om verby hulle te gaan.
>
> – Arthur C Clarke

Daar is vier situasies waarin jy koelkop moet wees:

1. Jy moet in die algemeen die regte gesindheid of geestesinstelling hê teenoor die lewe, kompetisie en geleenthede.
   Die vraag is: Is jy 'n optimis of 'n pessimis?
2. In die strewe na jou droom moet jy gedurende jou voorbereiding soos 'n kampioen dink: Dit gaan oor jou bereidwilligheid om dinge op te offer en jou vasberadenheid om nooit jou droom prys te gee nie.
3. Jy moet soos 'n kampioen kan dink gedurende wedywering of wanneer jy onder druk is. Hier gaan dit oor wanneer die vet in die vuur is.
4. Jy moet steeds soos 'n kampioen dink na afloop van intense druk of wedywering. Hier gaan dit oor jou vermoë om sukses of mislukking te hanteer en voort te gaan.

Ons is almal die som van al ons vorige lewenservarings en 'n kombinasie van die mense wat ons deur ons lewe ontmoet het. Ek is 'n sterk voorstander van die filosofie dat elke dag 'n skooldag, elke ervaring 'n les, en elke mens wat ek ontmoet, 'n onderwyser is.

> Kennis van vermoë is die eerste
> stap na verantwoordelikheid.
>
> – Dr. Myles Munroe

Jy het dit sekerlik al gehoor:

- "Jy kan dit doen – jy moet net glo in jouself."
- "Ons kan hulle wen – ons moet net gefokus bly."
- "Tagtig persent van die wedstryd is in jou kop."

"Geestelike taaiheid" en "die *zone*" is terme wat gebruik word om die ingesteldheid te beskryf van mense, veral mense in die sportarena, wat hul eweknieë keer op keer onder stof loop. Veral geestelike taaiheid (koelkopdenke) is 'n term wat dikwels gebruik word, maar waarvan ons in die wêreld van die toegepaste sportsielkunde nog maar min verstaan.

Ons almal droom daarvan, miljoene sportmanne en vroue sit ure se oefentyd in met die hoop om dit reg te kry en hul teenstanders keer op keer stof in die oë te skop.

Geskiedenis word gemaak deur mense wat deur volgehoue pogings en brute wilskrag om nooit op te gee nie, daarin slaag om hulle eweknieë keer op keer in die stof te laat byt. Nie net op die sportveld nie, maar ook in die sakewêreld. Daar is talle verhale van mense wat in 'n krisisoomblik in staat was om met 'n bomenslike poging die situasie onder beheer te kry, dikwels met verstommende grasie. Boeke word geskryf en films word gemaak oor mense wat teen alle verwagting hindernisse te bowe gekom het en eindelik die oorwinning behaal het wat hulle as helde en legendes sou vestig.

Dit is waarna ons almal streef: Volgehoue, bogemiddelde prestasie op die sportveld of bloot die vermoë om voordurend die uitdagings van ons alledaagse lewe die hoof te bied.

Verskeie entoesiastiese wetenskaplikes het al met groot ywer navorsingsprojekte aangepak wat hulle glo die sleutel sal bied tot volgehoue, bogemiddelde prestasie vir die miljoene mense wat daarvan droom om helde en legendes te word. Dit sal ook nooit ophou nie. Die soeke na foutloosheid sal altyd deel wees van die mensdom. Almal soek na die "geheime formule". Die massa wat droom van kitsoplossings – die lotto, anaboliese steroïdes, bedrog – sal altyd dié verryk wat slim genoeg is om die beginsels van die lewe te verstaan en ook verstaan waarna die mensdom soek.

> Daar is drie dinge wat belangrik is as jy werklik 'n kampioen wil word: Jou geloof, jou gesin en jou gekose beroep of sport. En in dié volgorde.
>
> – Vince Lombardi

IS DAAR 'N SLEUTEL WAT DIE DEUR NA BOGEMIDDELDE, VOLGEHOUE GEESTELIKE TAAIHEID KAN OOPSLUIT?

Ja, daar is!

Die sleutel is nie daar vêr nie; dit is in elkeen van ons. Om hierdie sleutel te vind vra 'n voortdurende proses van ontdekking en groei: 'n Proses wat versteek is in ervarings van beide sukses en mislukking. 'n Suksesvolle lewe is 'n lewe waarin jy die beloning van hierdie groeiproses kan ervaar en geniet.

Hierdie beloning word nooit vinnig of maklik verwerf nie. Sukses is, soos talle mense deur die geskiedenis al getuig het, nie 'n bestemming nie, maar 'n reis. Sukses beteken dat jy jou teiken tref, jou merk in die lewe maak, jy doen waarvoor jy op hierdie aarde geplaas is, jy 'n betekenisvolle verskil maak en dat jy elke oomblik bewus is daarvan dat jy lewe.

Hierdie boek gaan oor daardie sleutel. Ek vertrou dat dit jou baie tyd en geld sal spaar, en dat dit jou sal verhoed om tou op te gooi. Jy kan nooit moed opgee as jy hoop om suksesvol te wees en 'n verskil te maak nie.

> 'n Saadkorrel is net die belofte van 'n boom
> tot die oomblik dat dit geplant word.
>
> – Dr. Myles Munroe

Maak jou gereed om die sleutel te ontdek wat die volgende deur in jou lewe kan oopsluit. Ek weet hierdie sleutel werk, want ek gebruik dit self. Die vraag is of JY gereed is om hulle raak te sien? Dit hang van jou af. Jy wat iets wil beteken en jy wat altyd wil wen, moet self die teiken tref en jou merk maak. Talent is 'n gelykmaker. Geestelike taaiheid maak die verskil. Miskien is jy al moeg daarvan om te voel of jy jou teen 'n muur vasloop. Lees hierdie boek, staan terug, sien die deur, sluit dit oop en stap deur.

SIEN DIT

Baie mense droom baie drome. Tog is nie baie van hulle bereid of gereed om wakker te word en hul drome uit te leef nie. Die wêreld is vol ambisie en ons voel dit oral om ons. Hierdie gevoel is dalk die ervaring van 'n emosie wat ons druk noem. Druk – die gewaarwording van verantwoordelikheid – begin die oomblik dat jy daarvan bewus word en erken dat mense drome het, en dat jy een van daardie mense is wat bereid is om wakker te word en jou droom uit te leef. Wanneer jy dus druk ervaar, moet jy weet dis grootliks omdat jy die ambisie uitleef wat duisende, selfs miljoene, mense koester en dat jy hulle dalk so herinner aan hul gebrek aan toewyding. Welkom in die wêreld van wedywering! Welkom in die wêreld van druk. Vir my beteken dit om op die snykant te lewe.

Druk is wonderlik. Ek hou daarvan, want wanneer ek dit voel herinner dit my daaraan dat ek in werklikheid miljoene mense se drome verteenwoordig. Ek vier my uniekheid. Ek geniet die wonderlike resultate van 'n gedissiplineerde leefstyl en die fisiese, emosionele en geestelike opofferings wat ek maak sodat ek my droom kan leef.

As ek vandag terugkyk op my lewe sien ek oorwinnings oor al die persoonlike uitdagings wat ek te bowe moes kom. Deesdae weerhou ek my daarvan om my te vergelyk met ander, want ek verstaan nou ons almal verskil. Ek mik eerder daarna om my eie standaard van voortreflikheid te vind en my daaraan te meet. Dit gee my 'n gevoel van vryheid en 'n manier van lewe wat jy slegs sal verstaan wanneer jy dit self doen. Dit bring ook mee dat ek ophou om ander te oordeel en dat ek baie minder teleurgesteld is in ander mense, veral dié wat van my verskil.

> Die lewe is baie meer pret wanneer ons
> ophou om telling te hou vir ander.
>
> – Anoniem

Jy sal slegs bereid wees om opofferings te maak, die gevaar loop om te misluk of selfs uitgelag te word en fisieke pyn te verduur as jy werklik glo jy is in staat om alle struikelblokke en hindernisse te bemeester. En struikelblokke sal jy sonder twyfel teëkom op pad na die verwesenliking van jou droom. Een van die grootste foute wat mense maak is om groot drome te hê (wat vir seker nie verkeerd is nie), maar in die waan te verkeer dat die verwesenliking van hul drome 'n maklike en pynlose proses gaan wees. Hulle is nie voorbereid op die feit dat hulle 'n prys moet betaal vir hul droom nie.

Die oomblik wanneer hulle 'n prys moet begin betaal, vind hulle dat hulle nie gereed is daarvoor nie! Hulle kyk om hulle heen en sien 'n massa ander mense wat ook nie bereid is om die prys te betaal nie en tog 'n skaflike lewe lei. Of hoe? Weet ons werklik wat in ander mense se lewe aangaan of raai ons maar net?

> Verbeelding is baie belangriker as kennis.
>
> – Albert Einstein

Die meeste mense sien nie die beloning van 'n gedissiplineerde lewenstyl raak nie. Hulle sien net raak wat hulle alles sal moet prysgee en die meeste van die tyd is die prys vir hulle te hoog. Die wêreld is vol mense wat jou sal vertel hulle sou die hoogste berge kon klim, uitsonderlike prestasies kon behaal en helde kon wees – as die prys net nie so hoog was nie. Ek weet nie wie jy is nie, maar die feit dat jy hierdie boek lees beteken jy soek, jy wil meer weet en dat jy dalk vra: Wie is ek en wie is ek veronderstel om te wees? Wat moet ek doen om te word wat ek weet ek kan wees? In sy boek, *The Seven Habits of Highly Successful People*, stel Steven Covey dit duidelik: "Succesful people begin with the end in mind."

Jy moet die einde kan sien voordat jy kan begin. As jy nie die einde kan sien nie, sal jy jou waarskynlik blind staar teen die prys wat jy moet betaal.

> Verbeelding is die begin van enige skepping.
> Jy sien dit waarvan jy droom, wat jy begeer.
> Jy tree op na aanleiding van daardie droom
> en uit hierdie optrede vloei jou realiteit.
>
> – George Bernard Shaw

As jy die einde kan sien, maak dit die opofferings soveel makliker. Om die einde te kan sien beteken dat jy in jou verbeelding die suksesvolle verwesenliking van jou droom kan voel, kan proe, kan hoor, kan leef! Jy word gevul met die adrenalien van opwinding wanneer jy jouself in jou verbeelding kan sien op die pad van sukses, van groei, van beter word.

Om te weet waarheen jy op pad is en om te weet dat jy baie wêreldse plesier en gemak sal moet opoffer om daar te kom, is slegs die begin. As jy daarvan droom om gemaklik te wees, kan jy maar nou al jou droom op jou maag skryf. 'n Betekenisvolle droom word deur die vuur van passie in jou aan die brand gesteek en glo my: Dit het niks met gemak te doen nie. So 'n passie sal geblus word deur gemak, want passie kan net groei en beweeg met die brandstof van ongemak – geloof en hoop.

Dit loop uit op 'n asemrowende reis van volgehoue ontdekking van die onbekende. Niks nuuts nie, eintlik alles baie oud, maar vir jou nog onontdek. Om dit te verstaan sal jy hierdie boek tot die einde moet lees. Jy sal jou droom moet sien, jy sal moet glo dat jy daartoe in staat is en jy sal die durf moet hê om vreemde en ongemaklike dinge aan te pak – soos jy nou reeds doen deur hierdie boek te lees. Veels geluk! Jy't begin. Sal jy deurdruk tot aan die einde?

Aan die einde van elke hoofstuk is 'n aantal vrae. As jy ernstig is om die klein dingetjies te begin doen, begin hiermee. Dalk verras jy jouself. Ek vind die meeste mense weet nie hoe om neer te skryf wat hulle dink nie. Kan jy? Geniet dit dan.

DOEN DIT

1. Wie is jy? (Jou naam en jou ouderdom vandag.)

2. Wat is vir jou belangrik? (Verhouding met God, ouers, vriende, dissipline, ens.)

3. Watter eienskappe en talente het jy?

Kommunikeer goed	Leier
Filosoof (dink oor dinge)	Goeie spreker
Goeie leerder	Visionêr
Skrywer	Aanpasbaar
Akkuraat	Kreatief
Atleties	Neem risiko's
Selfvertroue	Diplomaties
Vol energie	Verstaan ander
Gee maklik	Dankbaar
Harde werker	Gedissiplineerd
Verstaan dinge maklik	Verbeeldingryk
Intelligent	Sagte hart
Leerbaar	Optimisties
Prakties	Betroubaar
Opreg	Vaardig
Geestelik	Reguit

4. Wat tel in jou guns om uiteindelik die paal te kan haal? (Het jy 'n geleentheid, is jy doelgerig en vasberade, het jy durf, het jy ondersteuning?)

_____

_____

5. Wie is amper soos jy graag wil wees (jou rolmodel)?

_____

_____

6. Watter karaktereienskappe het die persoon wat jy bewonder?

Ambisieus		Geduldig	
Gebalanseerd		Kragtig	
Gee om vir ander		Sterk beginsels	
Toegewyd		Pro-aktief	
Empaties		Respekteer ander	
Waagmoedig		Verantwoordelik	
Kreatief		Selfstandig	
Betroubaar		Sensitief	
Opgevoed		Dankbaar	
Entoesiasties		Verdraagsaam	
Regverdig		Eerlik	
Gelowig		Wysheid	
Vergewensgesind		Humoristies	
Vol pret		Gesond	
Vrygewig		Gedissiplineerd	
Lojaal		Deeglik	
Sterk morele waardes		Avontuurlustig	
Georganiseerd		Dink soos 'n kampioen	

7. Watter laste in jou lewe sal jy graag wil verander?

Antisosiaal		Pessimisties	
Kompulsief		Gee voor	
Onbetroubaar		Trots	
Deurmekaar		Stel uit	
Vertrou nie ander nie		Reaktief	
Selfsugtig		Sarkasties	
Oormatig		Stadig	
Vreesagtig		Onbewus	
Impulsief		Ondankbaar	
Onbuigbaar		Ongemanierd	
Onseker		Min entoesiasme	
Ongeduldig		Ongemotiveerd	
Introvert		Vaag	
Onverantwoordelik		Mors tyd	
Beperkte denke		Te versigtig	
Obsessief		Waag nie kanse nie	

8. Watter prys sal jy moet betaal om jou droom te bewaarheid? Watter dinge sal jy moet prysgee? Dinge soos om saam met jou vriende te drink en te jol, oppervlakkige verhoudings aan te knoop of gemorskos eet?

_____

_____

9. Wat in jou lewe sal verander wanneer jy jou droom verwesenlik?

_____

_____

10. Hoe sal jou lewe lyk nadat jy jou droom verwesenlik het?

_____

_____

_____

_____

11. Bou jou eie droomkaart: Plak woorde en prentjies op 'n kaart sodat jy jou droom kan sien. Ek en my gesin doen dit al die afgelope vyftien jaar. Daarom kan ek persoonlik getuig van die verstommende uitwerking wat dit op elkeen van ons se lewe het.

WOORDE VAN WYSHEID

Sonder visie gaan 'n volg ten gronde.

— Spreuke 29:18

Waarmee sal jy vandag begin as jy weet jy kan nie misluk nie?

— Dr. Robert Schuller

Jare gelede het ek een aand in die parkeerterrein reg oorkant Spago gestaan. Ek het al die filmsterre sien inbeweeg na die Oscar-toekennings en vir myself gesê: Dit wil ek eendag doen.

Nadat ek my Oscar ontvang en van die verhoog af gestap het, het ek na Kevin Kline gedraai en gesê: Het dit werklik nounet gebeur?

Dit het gevoel of ek aan die slaap geraak het in 'n vertrek vol briewe en dat ek elke oomblik kon wakker word.

— Denzel Washington

Niks kan die man met die regte gesindheid verhoed om sy droom te verwesenlik nie. Maar niks op hierdie aarde kan die man met 'n verkeerde gesindheid help nie.

— Thomas Jefferson

WEES SEKER

L uister na die volgende gesprek:
  "Wie dink jy is jy?"
  "Wat bedoel jy, wie is ek?"
"Presies wat ek sê: Wie is jy?"

Dit is waar geestelike taaiheid begin. Om 'n eerlike en opregte antwoord op hierdie vraag te hê is waar alles begin. Soos jy jouself sien, so sal jy wees. Soos jy jouself sien, so sal jy jou gedra – en so sal jy toelaat dat die wêreld hom teenoor jou gedra.

> As jy nie glo jy is 'n kampioen
> nie, hoort jy nie hier nie.
>
> – Vince Lombardi

'n Skewe selfbeeld of 'n irrasionele selfvertroue wat gebou is op valse vleiery of verwaandheid is nie 'n soliede fondament nie. Dan is jy soos 'n opgepompte liggaamsbouer wat sy bonkige liggaam en reusagtige spiere voor 'n spieël staan en bewonder, maar steeds onseker is of hy werklik groot en sterk is, want hy weet wat hy sien is 'n leuen. Dit is slegs die fisieke resultaat van 'n klomp steroïde wat hy in sy liggaam gepomp het. In wese is hy steeds 'n onseker en swak mens wat homself probeer kamoefleer in 'n liggaam wat op 'n onnatuurlike manier vergroot is. Jy kan nooit wegkom van wie jy werklik is nie. Jy kan ander dalk flous met groot spiere, maar uiteindelik gaan dit nie oor wat ander van jou dink nie.

Dit gaan oor wat jy glo oor jouself.

'n Soliede, sterk selfbeeld word gebou op die fondament van nederigheid (dankbaarheid), harde werk (toewyding en dissipline) en respek (om te verstaan dat groei 'n proses is). Jy kan nooit 'n soliede selfbeeld hê as jy verwaand, sonder respek en vol bravade is nie. Jy kan nooit 'n soliede selfbeeld per geluk kry, soos deur die lotto nie, of deur kortpaadjies, die gebruik van steroïde, of deur ander te manipuleer of intimideer nie. 'n Sterk selfbeeld hoef jy nooit te bewys nie. Dit is deel van jou karakter en die aura wat daarmee saamgaan.

Jy kan dalk die wêreld en dwase flous, maar jy kan jou eie hart nooit flous nie. Jy dink dalk niemand anders weet nie, maar jy weet. Onsekerheid veroorsaak dat jy jouself altyd moet bewys. Aan die ander kant is dit nooit nodig om ware selfvertroue en sekerheid te bewys nie. Dit is persoonlikheidseienskappe wat jy met natuurlike grasie dra.

Selfvertroue ontstaan uit jou sekerheid van wie jy is, van die wete waar jy vandaan kom en van 'n sekerheid oor waarheen jy op pad is. Selfvertroue het min te doen met jou laaste oorwinning, want oorwinning duur slegs enkele oomblikke. Dan is ons weer almal gelyk. Selfvertroue het min uit te waai met wat ander van jou dink, en al wat werklik saam maak, is wat jy in jou hart weet.

'n Boelie kan homself flous en dink hy het baie mag omdat ander vir hom bang is. Maar in sy hart dra hy onsekerheid, want hy weet dis 'n klug. Hierdie "mag" beteken eintlik niks nie, want in sy eie oë is hy niks werd nie. As wie jy is ander verkleineer of minderwaardig laat voel, is jy in werklikheid niks. Jy is soos 'n dief, want wat jy doen is steel. Jy steel ander se menswaardigheid. Ongelukkig is die meeste van hierdie boelies te kortsigtig om dit raak te sien. Moet dus nie te veel energie op hulle mors nie. Moet net nooit aan 'n boelie die mag gee om jou vreugde en jou energie te steel nie.

> Selfvertroue is aansteeklik, maar so
> ook 'n gebrek aan selfvertroue.
>
> – Anoniem

Wat jy is, is wie jy in jou hart weet jy is. Wat jy oor jouself glo word gevorm deur wat jy oor jouself hoor van die oomblik wat jy gebore word. Wat mense van en vir jou sê en die manier waarop jou ouers oor jou praat , selfs voor jou geboorte, vorm 'n ruimte waarbinne jy pas. Wanneer ons jonk is, is hierdie ruimte redelik rekbaar en plooibaar. Elke woord wat jy hoor het 'n uitwerking daarop, maar soos ons ouer word, raak die ruimte ál minder rekbaar en veranderbaar. Dit is geneig om nogal rigied te word, byna soos 'n standbeeld.

Die uitdaging is om dwarsdeur jou lewe rekbaar en veranderbaar te bly. Ware kampioene is nooit in 'n vaste vorm gegiet nie. Maar tog het hulle kragtige waardes en norme wat nie onderhandelbaar is nie. Dinge soos geloof, selfbeheersing, liefde, dissipline, respek en hardwerkendheid. Die sleutel tot 'n suksesvolle lewe is om van ander suksesvolle mense te leer. Leer by kampioene. Stel hul karaktereienskappe as jou doelwit. Hou dit voor oë en werk hard daaraan om dit deel van jouself te maak. Hierdie karaktereienskappe is dinge soos:

- Dissipline
- Wysheid
- Betroubaarheid
- Integriteit
- Geloof
- Nederigheid
- Dankbaarheid
- Visie
- Aanmoediging van ander
- Optimisme

- Humorsin
- Waagmoed
- Konsekwente optrede
- Passie
- Respek

Al hierdie eienskappe kan aangeleer word. Dit maak nie saak waar jy vandaan kom nie. Dit maak nie saak wie jy vandag is nie. As jy regtig wil, kan jy al hierdie eienskappe aanleer en bemeester en nog meer.

> Terwyl die een persoon terughou en wag
> omdat hy minderwaardig en onbevoeg voel,
> is die ander persoon besig om foute te maak,
> maar ook besig om 'n meester te word.
>
> – Henry C Link

Kan 'n permanente beeld verander word? Ja, natuurlik kan dit, maar dit verg werk en gaan gepaard met die afbreek van bepaalde aspekte van die ou beeld. Dit kan nietemin gedoen word. Dis natuurlik beter om hierdie ruimte wat iemand se beeld huisves, korrek te vorm wanneer dit nog buigbaar, rekbaar en plooibaar is. Dit wil sê wanneer die persoon jonk is.

Wat jy oor jouself glo is die resultaat van wat jy deur die loop van jou lewe oor jouself gehoor het.

Hoe belangriker 'n persoon vir jou is, hoe groter uitwerking sal sy woorde oor jou (en aan jou) hê op die vorming van jou selfbeeldruimte, wat uiteindelik jou karakter bepaal. Dink maar aan die kragtige uitwerking van 'n pa se woorde op sy kind. Dink aan alles wat jou pa vir jou deur jou lewe gesê het. Kan jy sien hoe 'n groot aandeel jou pa se woorde gehad het in die opinie wat jy oor jouself gevorm het? As jy 'n pa is, neem kennis van hierdie krag en gebruik dit met wysheid.

Daar is natuurlik baie jong mense wat grootword sonder 'n pa. Dink net wat 'n leemte daar in so 'n persoon se lewe bestaan: Die begeerte om deur mense wat vir die persoon belangrik is gevorm te word. Ek hoop daardie "belangrike" mense besef hoe belangrik hulle werklik is!

In die mag van die tong is lewe en dood en elkeen (dit sluit jou in) wat dit (die tong) gebruik sal die vrugte daarvan (die gevolge daarvan) eet!

– Spreuke 18:21 (1953-vertaling)

En vandag? Wie is jy VANDAG? Is jy die mens wat jy droom om te wees, of is daar sekere dinge omtrent jouself wat jy graag sal wil verander? Dalk is jy huiwerig om dinge te verander, want wie sal jy dan wees? Dink aan jou toekoms! Miskien reken jy dat jy oukei is en dat ander mense moet verander sodat jy suksesvol kan wees. Word wakker. Niks sal verander voordat jy verander nie!

Begin by jou sekerheid dat jy weet waarheen jy op pad is. Dit is baie belangrik om 'n duidelike beeld, 'n prentjie te hê van jou beplande lewensdroom. Jy moet baie seker wees hoe jy wil hê hierdie ruimte, jou karakter, in die toekoms moet lyk. Sodra jy hiervan seker is, is die volgende stap om met die bouproses aan jou lewensdroom te begin. Hierdie bouproses berus op die gebruik van woorde. Dit is woorde wat jy self gaan sê. Jy gaan daagliks praat, by elke geleentheid wat hom voordoen. En die belangrikste van alles is, jy gaan praat in die rigting waarheen jy op pad is – nie waarvan jy wil wegkom nie. Leer om te praat van dinge wat jy hoop sal gebeur – en praat dan asof dit reeds so is.

Hierdie oefening sal dalk ietwat van 'n ongemaklike uitdaging wees vir mense wat nie die beginsel van geloof verstaan nie.

Dit sal ook baie moeilik wees vir iemand wat bang is ander mense gaan dink hy is windmakerig. As dit met jou die geval is, vra jou af: Is wat ander van my dink belangriker as wat ek van myself dink of wat God van my dink?

Jou keuse is:

a) Jy kan praat oor die dinge wat jy graag wil hê, of,

b) jy kan praat oor die dinge wat jy nie wil hê nie.

Onthou: Daar is 'n gewiste gevolg. Jy word soos 'n magneet vir die een wat jy kies!

♦ Moet jouself nooit, ooit verneder of minag nie, selfs nie al is die verbloem in 'n flou grappie oor jouself nie. Jou ore hoor elke woord wat jou mond uiter, al is dit as 'n grap bedoel, en jou liggaam sal voortgaan om daardie woorde waar te bewys.

Onthou: "Van elke ligsinnige woord wat die mense sê, sal hulle rekenskap moet gee op die oordeelsdag" (Matteus 12:36).

♦ Moet nooit die fout maak om te dink jy moet grootpraterig wees nie. Wanneer jy eers die werking van die bouproses verstaan – alles neem tyd – sal jy ook verstaan dat jy nooit alleen sukses kan bereik nie. Ons het almal hulp nodig. Die grootste kampioene in die lewe het ook die beste ondersteuningspanne. AS jy die slag lus voel om groot te praat, praat liewer groot oor die mense wat jou omring en ondersteun.

♦ Moenie dwaas wees en dink jy kan die beginsel waarop die bouproses werk (die krag van woorde) manipuleer om 'n gunstige uitslag in jou lewe te bewerkstellig nie. Jy kan nie die wen van 'n wedstryd by jou lewe inpraat nie. Jy kan nie 'n lewensbeginsel gebruik om ander beginsels soos harde werk, dissipline en fiksheid te systap nie. 'n Uitslag soos die wen van 'n wedstryd sal uiteindelik net volg op harde werk, dissipline en goeie besluite. Daarvan kan jy seker wees.

♦ Spits al jou energie toe op jou pogings. Maak seker jou karakter staan sterk en stewig. Daarna sal die lekker resultate, wat ons wen noem, volg. Ons groei almal in volwassenheid en in wysheid. Om hierdie beginsel te verstaan het jy wysheid en volwassenheid nodig. Dit gaan nie net oor wat met jou gebeur (of jy wen en of verloor) nie. Dit gaan oor wat in jou gebeur, wie jy word.

Leer om *elke dag* met jouself te praat! Leer om jou beeld daagliks en doelbewus te vorm en te bou. Dit is 'n lewensbeginsel: Wat jou ore herhaaldelik hoor, sal deur jou brein omgesit word in 'n geloof en as 'n opdrag gestuur word aan jou liggaam. Jou liggaam volg uiteindelik presies die prentjie wat jou brein vir hom stuur.

> Niks is so vermoeiend soos besluiteloosheid nie.
> En min dinge is so futiel.
>
> – Bertrand Russel

My persoonlike "self-praat" lyk op die oomblik min of meer so:

- Ek het 'n wonderlike persoonlike verhouding met my Skepper en ek hoor Sy stem helder en duidelik. Ek leef in volle gehoorsaamheid aan Hom en daarom gaan dit so goed met my.
- Ek is getroud met die wonderlikste vrou en ek is die beste man vir haar. Saam is ons 'n wenspan.
- Ons is die beste ouers vir ons kinders en ons maak hulle groot met wysheid en in die gesag en vryheid van God se liefde!
- Ek is gedissiplineerd in alles wat ek doen. Ek het waagmoed en ek hou altyd langer aan as ander, wat met tyd soms tou opgooi.
- Ek respekteer ander net soos wat ek myself respekteer.
- My woord is my eer en ek is tot alles in staat deur Christus wat my die krag gee.

- Ek is dankbaar vir alles wat ek het – ek het baie.
- Ek weet dat alles wat met my gebeur strek tot my voordeel.
- Ek het wysheid in al my besluite en geniet die guns van die Here.
- My beker loop oor, want God is my bron.
- Ek is 'n ware leier en mense volg en respekteer my.
- Ek doen altyd die regte ding.
- Ek is in beheer van my emosies. Ek is geduldig, ek vergewe maklik en ek dien ander met liefde.
- Ek verkondig net lewe, ek sien in alles geleenthede en daarom is ek 'n passievolle mens.
- Dit is vir my asemrowend dat ek vandag 'n lewe van oorwinning kan leef en ek sal dit voluit doen.

Dit maak nie saak *wie* jy is of *waar* jy is nie. As jy hierdie beginsels toepas, sal jy die vrugte geniet van elke woord wat jy in wysheid en volwassenheid, en nie uit selfsug, gierigheid, trots en verwaandheid nie, oor jouself spreek.

Die sleutel is dat jy jou mond moet oopmaak en praat. Doen dit elke dag. Dit werk!

DOEN DIT

Ná Hoofstuk 1 het jy 'n aantal karaktereienskappe van jouself (en ook dinge wat jy graag wil verander in jou lewe) neergeskryf. Nou het jy die geleentheid om jou eie selfgesprek neer te skryf – die gesprek wat jy elke oggend, verkieslik net nadat jy opgestaan het, hardop met jouself, jou ouers, of jou maat gaan hê.

REËLS VAN 'N SELFGESPREK:

- Jy skryf dit asof dit reeds so is – in die teenwoordige tyd, nie in die toekoms nie.

  ☐ Ek is / Ek het . . .   ☐ Ek wil graag . . .

- Jy skryf wat jy wil wees, nie wat jy nie wil wees nie.

  ☐ Ek is geduldig.   ☐ Ek is nie meer ongeduldig nie.

- Jy skryf karakter / insette – nie uitslag / resultate nie – dis nie wys nie.

  ☐ Ek gee altyd my heel beste en ek waag.

  ☐ Ek word gekies vir . . .

- Jy skryf neer waarheen jy op pad is – nie waarvandaan jy wil wegbeweeg nie.

  ☐ Ek het oorvloed.   ☐ Ek is nie meer arm nie.

- Jy skryf soos God se Woord dit aan jou bekendmaak – volgens Sy Woord, nie volgens jou begeertes nie.

  ☐ Ek is tot alles in staat deur Christus.

  ☐ Ek is sterk en mooi.

Die sleutel tot hierdie oefening is dat jy die woorde uiteindelik hardop moet lees sodat jou eie ore dit kan hoor. Sodra jy gemaklik geraak het daarmee, moet jy dit aan ander voorlees of vir hulle sê. Onthou: "Die tong (nie die gedagte nie) het mag oor dood en lewe" (Spreuke 18:21).

DOEN DIT NOU!

My naam is:

_____

Ek is:

_____

Ek het:

_____

Ek is:

_____

WOORDE VAN WYSHEID

Wanneer jy kry wat jy soek in jou worsteling om die lewe te wen
En die wêreld maak jou koning en baas
Gaan na die spieël en kyk na jouself
En hoor wat sê die gesig in die glas.

Dit is nie jou pa of ma of mense se oordeel wat jy dra
Dit is wat die meeste krag dra
Is die oordeel van die gesig wat na jou kyk uit die glas
Hy is die een wat jy tevrede moet stel, want hy is saam met jou tot die einde
En wanneer jy daardie toets slaag, sal jy kan sê
Daardie man in die glas – hy is my vriend!

Jy mag dalk wegkom met 'n gelukskoot
En almal mag dink jy's 'n wonderlike mens
Maar as die man in die glas jou vertel jy's 'n dwaas
Sal jy vir altyd leef soos 'n "Klaas".

Jannie Putter

'n Mens is eers oud die dag dat spyt die plek inneem van jou drome.

John Barrymore

Geluk is iets wat jy kry wanneer geleentheid klop en jy die deur oopmaak.

Anoniem

MIK REGS, NIE LINKS NIE

Howard Hill is in sy tyd beskou as die beste boogskutter van alle tye. Hy kon die kol meer gereeld tref as enige boogskutter van daardie jare. Hill het geweet wat dit beteken om 'n dodelik akkuraat te korrel.

Wat sou jy sê as ek jou vertel ek kan jou leer om die kol meer gereeld te tref as Hill op sy beste? Sou jy my glo? Die waarheid is: Ek kan, maar daar is drie voorwaardes:

1. Jy moet redelik gesond wees en in staat om 'n boog te hanteer.
2. Jy moet redelike goeie sig hê, met ander woorde, jy moet darem kan sien.
3. Hill moet geblinddoek wees en 'n paar maal in die rondte gedraai word voordat hy mag skiet.

Wat 'n grap! Natuurlik! Hoe kan enigiemand 'n teiken tref wat hy nie kan sien nie? Dit sou pure geluk wees! Sou jy graag jou toekoms en jou drome op 'n fondament van geluk wou bou? Geluk is die hoop en fondament van dwase en luiaards. Om te hoop, selfs te glo dat geluk sal verander wie jy is, is dwaasheid. Onthou: Wat jy het, bepaal nie wie jy is nie! Enige dwaas kan baie geld en rykdom hê, en baie dwase het. Dit verander egter nie die feit dat hulle nog steeds dwase is nie. Met verloop van tyd, en sodra daar uitdagings op hulle pad kom, sal hulle ware karakter te voorskyn kom. Moenie deur dwase om die bos gelei word nie. Kyk liewer na suksesvolle en wyse mense en leer by hulle. Dan kan jy net soos hulle suksesvol word en 'n betekenisvolle bydrae maak.

Wanneer jy na 'n teiken mik, waarop konsentreer jy? Die antwoord is natuurlik om die kol in die middel raak te skiet.

Waarom hoor ek dan so dikwels:

- Ek wil net nie die duikslag mis nie.
- Ek wil net nie verloor nie.
- Ek wil net nie stres nie.
- Ek wil net nie my humeur verloor nie.
- Ek wil net nie val nie.
- Ek hou nie van skool nie.
- Ek wil net nie die bal in die water slaan nie.
- Ek wil net nie . . .

> Wat die goddelose vrees, kom hom oor; wat die regverdige begeer, gee God hom.
>
> – Spreuke 10:24

Hoe mis 'n mens nie 'n duikslag nie?

Hoe verloor 'n mens nie?

Hoe stres 'n mens nie?

Hoe verloor jy nie jou humeur nie?

Het jy al ooit in jou lewe 'n nie gesien? Hoe lyk 'n nie? Bestaan daar iets soos 'n nie? Nee, daar bestaan nie iets soos 'n nie nie. Nie het in werklikheid geen betekenis nie. Die betekenis en die fokus van nie is versteek in die woorde wat nie voorafgaan of volg. Die fokus bepaal waarheen jy mik. As jy daarop fokus om nie 'n duikslag te mis nie, mik jy in werklikheid na 'n duikslag wat jy mis. As jy daarop fokus om nie te stres nie, mik jy in werklikheid na stres.

"Nie" het geen betekenis vir die liggaam nie en dit stimuleer geen senu-impuls nie. Al wat die woordjie nie veroorsaak, is onsekerheid, twyfel en vrees.

Die samelewing en tradisies het ons gekondisioneer om die mag van vrees te gebruik om ons kinders te vorm. Ons fokus is op wat ons nie moet doen nie, wat ons moet vermy en dit wat onaanvaarbaar is. Ons leer ons kinders deur hulle te vertel wat om nie te doen nie. Ons probeer om ons huise te beheer deur aan ons kinders te skreeu om op te hou om dinge te doen.

Veronderstel ons begin ons kinders vertel in watter rigting om te gaan wat aanvaarbaar is, en voed hulle so op, in plaas daarvan om te wag dat hulle verkeerde dinge doen en hulle dan te verskree om op te hou daarmee.

Veronderstel jy besluit wat jy regtig graag in jou lewe wil hê en jy gaan dan voluit daarvoor, in plaas daarvan dat jy jou energie vermors op dinge wat jy nie wil hê nie? Veronderstel jy verander jou manier van praat en die woorde wat uit jou mond kom begin so klink:

- Ek wil hom terugduik en ek wil vorentoe speel.
- Ek is opgewonde, want ek sien uit na die kompetisie.
- Ek sien uit hierna, want ek bly altyd in beheer van my emosies.
- Ek gaan ontspan en pret hê.
- Ek gee altyd my beste.
- Ek hou daarvan om te leer, want daardeur gaan ek 'n sukses van my lewe maak.
- My fokus is om die bal tot by die vlag op die setperk te slaan.
- Ek wil . . .

JOU FOKUS BEPAAL WAARHEEN JY MIK

Waarop jy fokus bepaal waarna jy korrel en dit is presies waarheen jou liggaam jou gaan neem. Onthou, jou liggaam is 'n slaaf van jou brein. Hy sal al die opdragte uitvoer wat jou brein aan hom stuur, selfs al is dit verkeerde opdragte.

Wen is nie iets wat 'n mens soms doen nie.
Wen is iets wat 'n mens altyd doen. Jy wen nie
af en toe nie. Jy doen nie af en toe die regte
ding nie. Jy doen altyd die regte ding. Wen
is 'n gewoonte. Verloor ongelukkig ook.

– Vince Lombardi

Ja, jy is reg. As jy die verkeerde ding lank genoeg doen, veroorsaak dit dat jou liggaam huiwerig raak om dinge te doen. Hierdie huiwering word korrek beskryf as 'n gebrek aan selfvertroue.

Dit werk so: Ná 'n hele aantal verkeerde opdragte – jou brein wat jou liggaam vertel wat om nie te doen nie in plaas van wat om te doen – en die daaropvolgende negatiewe reaksie (selfkritiek) oor jou swak vertoning, sal jou liggaam die opdragte van jou brein begin bevraagteken en nie met oorgawe reageer nie. So 'n benadering tot sport of enige ander aktiwiteit is 'n sekere resep vir mislukking. Die belangrikste deel van enige beweging of aksie is die deurswaai met vertroue.

Maak seker jou visier is gerig op waar jy wil gaan. Maak seker jou gedagtes is gefokus op wat jy graag wil bereik. Dit sal veroorsaak dat jou liggaam aangevuur word deur passie en adrenalien – in teenstelling met vrees en onsekerheid. As jy goed genoeg is, sal jy positiewe resultate beleef. As jou teenstander beter is as jy, leer dan uit die ervaring, wens hom geluk en gaan oefen. Ons word almal beter met oefening en ervaring.

Daar is soveel akteurs met soveel talent wat
net nooit die kans kry nie. Ek gaan elke dag in
groot dankbaarheid op my knieë. En ek aanvaar
nooit wat ek het as vanselfsprekend nie. Ek
weet daar is baie akteurs wat baie meer talent
het as ek. Ek is die een wat die kans gewaag
het en ek het my bes daarmee gedoen.

– Charlize Theron

DOEN DIT

- Wat wil jy regkry? Skryf dit neer en begin elke sin met: "Ek wil . . ."

  _____

  _____

  _____

- Skryf jou teikens neer vir die volgende week.

  _____

  _____

  _____

- Skryf jou teikens neer vir die volgende jaar.

  _____

  _____

  _____

- Skryf jou teikens neer vir die volgende vyf jaar van jou lewe.

  _____

  _____

  _____

Die oefening hierbo lyk dalk eenvoudig. Vir baie mag dit klink na 'n vermorsing van tyd, maar glo my, as jy hierdie oefening fisies gedoen het, het jy 'n reusetree gegee.

WOORDE VAN WYSHEID

Die meeste mense bestee al hulle tyd daaraan om probleme te probeer vermy in plaas daarvan om met kreatiewe gedagtes na vore te kom.

— Henry Ford

Die man wat 'n sukses van sy lewe maak

Is 'n man wat gereeld kan lag, en 'n man wat liefde verstaan

Dit is 'n man wat die respek het van intelligente mense en ook die liefde van kinders kan wen.

Dit is 'n man wat sy talente kan ontwikkel en vreugde kan vind in sy toepassing daarvan.

Dit is 'n man wat die wêreld 'n beter plek kan laat, al is dit net deur die skryf van 'n gedig of die sing van 'n lied.

Dit is 'n man wat die moed het om 'n ander te omhels in 'n oomblik van verdriet.

Dit is 'n man wat die beste uit ander kan haal, in plaas daarvan om hulle te oordeel.

Dit is 'n man wat nie telling hou vir ander nie en 'n man wat altyd sy bes sal doen

Dit is 'n man wat vrede het in homself en ook in 'n persoonlike verhouding staan met sy Skepper.

— Jannie Putter

Kampioene is mense wat tot wysheid gekom het deur hulle mislukkings. Jy weet, ons kry bitter min wysheid deur sukses. Iemand wat nooit probeer nie, sal ook min misluk, maar hy sal ook nooit wysheid vind nie.

— William Saroyan

JA, DIS JY!

Almal het talent. Die vraag is of jy kan
breek deur die lagie potensiaal en
uiteindelik jou karakter ontdek.

— Jannie Putter

Jy is uniek – daar is werklik net een soos jy! Wil jy baie goed word in iets? Doen dit dan oor en oor, selfs verby die punt waar jy voel dat jy die vaardigheid bemeester het. Dit gaan nie net oor die bemeestering van 'n vaardigheid nie. Bykans enigiemand kan 'n vaardigheid bemeester as hy dit lank genoeg oefen. 'n Ware kampioen is die een wat daardie vaardigheid konsekwent kan uitvoer wanneer dit saak maak.

WANNEER MAAK DIT SAAK?

Onder druk – dít is wanneer dit tel.
Dit is:

*   Wanneer moegheid intree.
*   Onder intense en ongunstige omstandighede.
*   Wanneer daar hoë intensiteit is wat gepaardgaande met sterk emosies.
*   In die teenwoordigheid van groot skares.
*   Wanneer jy heeltemal alleen is.
*   Wanneer daar hoë verwagtings aan jou gestel word.
*   Wanneer jy intimiderende teenstanders het.

- Wanneer jy terugslae beleef.
- Wanneer jou aandag afgetrek word deur persoonlike negatiewe omstandighede.
- Wanneer persoonlike verhoudinge jou energie tap.
- Wanneer jy veroordeel en gekritiseer word.
- Wanneer jy agter is . . . of voor.
- Wanneer jy net een hou / kans oor het.

Druk is die bepalende faktor. Daar is miljoene mense met talent wat uitstekend presteer wanneer daar geen druk is nie. Geestelike taaiheid het alles te doen met druk en die ware toets vir jou vermoë is hoe jy presteer as jy onder druk is. Miljoene mense kan foutloos presteer gedurende 'n of in 'n gemaklike en ontspanne omgewing. Dit is egter nie wanneer dit tel nie! Dit tel wanneer jy onder druk is.

Die eerste stap om 'n nuwe vaardigheid te bemeester is om die grondbeginsels daarvan te verstaan. Daarsonder sal jy altyd sukkel om die vaardigheid baas te raak. Jy sal probeer om ander na te boots en dalk mag jy ook daarin slaag, maar so sal jy nooit 'n meester word nie. Indien jy 'n suksesvolle atleet wil word, is dit noodsaaklik dat jy die grondbeginsels van beweging verstaan. 'n Goeie afrigter weet dit en maak dus seker dat sy atlete hierdie beginsels verstaan. Hy verduidelik hierdie beginsels sorgvuldig wanneer hy sy atlete aan oefening onderwerp sodat hulle ook kan verstaan waarom hulle sekere oefeninge moet doen. Hierdie beginsels is dinge soos momentum, posisionering, belyning, gravitasie, swaartepunt, hefboomkrag, en spoed. Jy sal ook die grondbeginsels in die hantering van mense moet verstaan. Dit behels dinge soos respek, vergifnis, geduld, nederigheid, outoriteit, bemagtiging, erkenning en leierskap. Indien jy 'n suksesvolle leier wil word, is dit noodsaaklik dat jy hierdie basiese beginsels sal ken en sal toepas.

Daar is ongelukkig talle afrigters wat vaardighede afrig sonder dat hulle die grondbeginsels wat die vaardigheid onderlê ken of verstaan. Hulle rig bloot af soos wat hulle ander afrigters sien doen. Hulle het nie die vermoë om die noodsaaklike kennis van die onderliggende beginsels aan hulle atlete te verduidelik nie, want hulle ken dit nie self nie. Dit is 'n sekere resep vir frustrasie, mislukking en ook baie hartseer. Soveel uitsonderlike talent gaan verlore spesifiek as gevolg hiervan.

Om 'n meester te wees word nie bepaal deur hoe die vaardigheid lyk wanneer jy dit uitvoer nie. Jy mag dalk totaal anders lyk as iemand anders wat baie goed is in hierdie sport of vaardigheid, maar jou toepassing van die basiese beginsels is so korrek dat jy die vaardigheid met groot sukses kan uitvoer, al lyk dit snaaks. Wanneer jy by die plek kom waar jy die basiese beginsels van 'n vaardigheid suksesvol kan uitvoer sonder dat jy jou daaroor bekommer of dit goed lyk, is jy gereed om 'n meester te kan word. Dit gaan nie oor hoe dit lyk nie – dit gaan oor resultate!

> Want U het my niere gevorm, my in my
> moeder se skoot geweef. Ek loof U, omdat
> ek so vreeslik wonderbaar is; wonderbaar
> is U werke! En my siel weet dit alte goed.
> – Psalm 139:13-14 (1953-vertaling)

Jy is uniek. Jou liggaam se samestelling is uniek. Jou manier van dink is uniek. Jou sig is uniek. Jou gehoor is uniek. Jou balans is uniek. Jou swaartepunt is uniek. Jou ervaring is uniek. Jou interpretasie is uniek. Jou senuweestelsel is uniek. Jou vlak van geloof en selfvertroue is uniek. Jou agtergrond is uniek, so waarom sal jy probeer om soos iemand anders te wees? Waarom nie mik om die beste JY te word wat jy kan wees nie?

Jy word nie 'n kampioen wanneer jy iemand anders naboots nie. Jy word 'n kampioen wanneer jy jouself bemeester! Dit is nie 'n stryd vir die perfekte tegniek te bemeester nie. Dit is 'n stryd om jouself te vind en jouself te bemeester.

Kampioene skryf boeke. Wanneer skryf 'n kampioen 'n boek? Voordat hy 'n kampioen geword het? Nee. 'n Mens word eers 'n kampioen en dan word jy gevra om 'n boek te skryf. Jy skryf nie 'n boek terwyl jy in die proses is om 'n kampioen te word nie. Boeke word geskryf deur mense wat hulleself – en hulle unieke tegnieke – bemeester het. As jy kan bewys dat wat jy doen, werk, sal die res van die wêreld jou graag volg! Wat is dit wat jy doen? As jy doen soos iemand anders dit doen, is die beste wat jy ooit kan wees 'n nabootsing.

> In al my jare van afrigting was ek
> nog nooit suksesvol deur iemand
> anders se patroon te volg nie.
>
> – Vince Lombardi

Wat 'n wonderlike voorreg om van kampioene te leer! Dit stel ons in staat om die grondbeginsels in fyn detail te analiseer en te verstaan. Dit kan beslis ons pad na ons droom makliker maak, maar dit kan ons nooit leer om onsself te wees nie. Om jouself te bemeester is slegs moontlik wanneer jy dit met oorgawe en sonder aarseling kan deurvoer. Om iemand anders perfek na te boots is onmoontlik! Moet dit nooit jou mikpunt maak nie, want jy sal nie slaag nie. Leer die basiese beginsels en doen dit dan op jou eie manier. Vind *jou* ritme, vind *jou* swaai, vind *jou* verstaan, vind *jou* belyning, vind *jou* benadering, vind *jou* interpretasie en oefen dit dan oor en oor totdat *jy* dit bemeester! Vertrou jouself en jou uniekheid en werk aan die grondbeginsels – dit is waarvoor jy 'n afrigter nodig het.

'n Goeie afrigter sal jou uniekheid soek en dit op die fondasie van soliede beginsels plaas. 'n Goeie afrigter sal jou nooit aanmoedig om soos iemand anders te probeer wees nie. Hy sal jou aanmoedig om by ander te leer en om dan jouself te wees. As jy 'n afrigter het wat jou laat twyfel in jou uniekheid, soek 'n ander een. As jy 'n afrigter het wat jou uniekheid aanmoedig en jou omring met soliede beginsels – hou vas aan hom!

> Jy kan reg wees, jy kan verkeerd wees.
> Moet net nie wegkruip nie en moenie
> bang wees om te probeer nie.
>
> – Katherine Hepburn

Ek het al baie afrigters gesien wat vir hulself afrig – nie ter wille van hul atlete nie. Hulle atlete kort altyd iets. Hulle sal altyd hierdie afrigter nodig hê omdat hulle instrumente geword het waardeur die afrigter self belangrik kan word. Ja, sommige atlete se talent mag genoeg wees om 'n hoë vlak van prestasie te behaal, maar sonder die afrigter is die atleet niks. 'n Ware afrigter sal sy atleet bemagtig om homself te bemeester en om baie groter te word as die afrigter self.

Jy droom daarvan om 'n kampioen te word. Jy het nog nie jou boek geskryf nie – jy is nog besig om te leer. Leer die grondbeginsels by ander kampioene en pas dit toe. Vermeng dit met jou unieke vaardighede. Uiteindelik, as jy genoeg oefen, sal jy dit nes jy is bemeester en sal jy in staat wees om hierdie vaardighede konsekwent suksesvol toe te pas, selfs al is jy onder druk. Jy sal vorder. Iemand sal jou nader en jou nooi: "Kom ons skryf 'n boek oor hoe *jy* dinge doen."

Die uitdaging is nie om die perfekte tegniek te vind of om iemand anders presies na te boots nie. Die uitdaging is om die grondbeginsels so te verstaan en jouself so te vertrou dat jy jou eie unieke metode sal vind om hierdie beginsels met sukses toe te pas. Miskien is jy die volgende kampioen wat jou boek skryf en wie weet, dalk word daar nog 'n film oor jou gemaak . . .

DOEN DIT!

- Wat is die basiese vaardighede wat jy moet bemeester om uiteindelik as 'n meester op jou gebied beskou te kan word?

_____

_____

_____

_____

- Elke vaardigheid wat jy hierbo genoem het, het grondbeginsels. Weet jy wat dit is en hoe om dit toe te pas? Kan jy dit neerskryf? Indien nie, ken jy iemand wat dit aan jou kan verduidelik sodat jy dit kan verstaan? Maak seker dat jy dit weet.

Vaardigheid	Beginsel / Sleutels
1.	
2.	
3.	
4.	
5.	

- Kan jy die grondbeginsels suksesvol uitvoer en dit oor en oor doen?

☐ Ja

☐ Nog nie.

☐ Glad nie.

- Verstaan jy dat jy anders is as ander?
  - ☐ Ja
  - ☐ Nee
  - ☐ Ek is onseker daaroor.

- Hou jy daarvan?
  - ☐ Ja
  - ☐ Nee
  - ☐ Ek weet nie.

- Is jy opgewonde daaroor om anders te kan wees?
  - ☐ Ja
  - ☐ Nee
  - ☐ Ek weet nie.

Jy sal eers soos 'n kampioen kan dink wanneer jy in alle eerlikheid ja kan antwoord op al hierdie vrae.

WOORDE VAN WYSHEID

Probleme is die diamante van die lewe. Bring vir my probleme, want goeie nuus het geen uitdaging nie.

– Charles F Kettering

Ware leiers is gewone mense met 'n ongewone passie.

– Anoniem

Die wil om te wen is belangrik, maar die bereidwilligheid om voor te berei en te beplan is belangriker.

– Bobby Knight

'n Ware man moet groot genoeg wees om sy foute te erken, slim genoeg om uit hulle te leer en sterk genoeg om hulle reg te maak.

– Anoniem

'n Groot man is die man wat jou laat groot voel wanneer jy by hom is.

– Anoniem

Hoofstuk 5

MOEILIK OF MAKLIK?

s dit nie interessant dat ons nooit 'n verskoning van 'n kampioen hoor nie! Dit is gewoonlik dié wat nie die paal gehaal het nie wat verskonings het.

> As jy gedurende 'n oefening moed opgee, sal jy
> ook moed opgee in die middel van 'n wedstryd,
> en in die middel van die seisoen. As jy een
> maal geleer het om moed op te gee, word dit 'n
> gewoonte. Ons soek nie iemand wat gaan moed
> opgee hier nie.
> Ons soek vasbyters wat een honderd persent
> sal gee. As jy van plan is om tou op te
> gooi, staan nou op en gaan huis toe.
>
> – Vince Lombardi

Wil jy graag hê dinge moet maklik wees of moeilik? Jou onmiddellike antwoord is waarskynlik maklik. Dit maak tog sin. Wie sal dit moeilik wil hê as jy dit maklik kan hê? Om die betekenis van hierdie vraag te verstaan – om te groei in wysheid – mag dalk veroorsaak dat jy jou antwoord verander!

'n Indiaan en 'n cowboy het die volgende gesprek gehad:

Indiaan: As ek God kan vra om my 'n laaste wens te gun sal ek Hom vra om my 'n groot en sterk vyand te gee.

Cowboy: Waarom 'n vyand? 'n Vyand kan jou doodmaak.

Indiaan: Sonder 'n sterk vyand sal ek lui, vet en ongesond word en sal ek vinnig sterf. 'n Gedugte vyand sal my sterk hou en ek sal weet ek leef.

Cowboy: Waarom dan nie maar net 'n goeie uitdaging of 'n hindernis nie? Waarom 'n vyand?"

Indiaan: Jy kan 'n uitdaging kies. Ek . . . ek kies 'n vyand.

Dit maak tog sin! Waarom sal ons dinge maklik wil hê? Oorwinning is soveel lekkerder wanneer die uitdaging groot en intens was! 'n Gemiddelde / maklike uitdaging of swak kompetisie is net aantreklik vir 'n dwaas!

> In die natuur is geen sekuriteit nie. Daar moet 'n rede daarvoor wees, want die natuur oorleef altyd, en die natuur voorsien altyd vir die toekoms . . . al is dit soms deur te sterf.
>
> – Jannie Putter

Wat ons maklik kry, beteken nie veel nie. As jy egter 'n prys betaal vir iets, heg jy baie meer waarde daaraan en beskerm en verdedig jy dit met al jou energie. Iets wat 'n mens maklik kry is iets wat 'n mens dikwels ook maklik verloor. Wanneer jy bereid is om moeilike uitdagings die hoof te bied, wanneer jy gereed is om moeilike omstandighede te trotseer en te oorwin, eers dán is jy gereed om 'n ware kampioen te word!

Wie sal die verste gaan en die langste kan aanhou? Wie sal die beste kan presteer onder druk? Die een wat voorberei en oefen in die perfekte omstandighede – geen afleidings, die perfekte weer, geen weerstand? Of die een wat voorberei en oefen in die mees ongunstige omstandighede? Jy hoef nie baie slim te wees om die antwoord op hierdie vraag te gee nie. As jy werklik 'n kampioen wil word moet jy vergeet van gemak en uitdagings verwelkom. Kom hierdie ongunstige omstandighede met 'n glimlag te bowe en weet: Nou begin jy dink soos 'n kampioen.

Die lewe is óf 'n groot uitdaging, óf niks.

– Helen Keller

WENKE VIR AFRIGTERS:

- Oefen herhaaldelik jou atlete om positief te reageer op negatiewe omstandighede.
- Skep ongunstige omstandighede: Wees onredelik met jou atlete – soos sommige skeidsregters sal wees.
- Probeer om jou atlete te ontsenu, maar berei hulle voor hiervoor deur aan hulle te sê dat jy dit gaan doen. As hulle weet dat dit jou doelwit is, kan hulle hulself verweer en sal hulle dit nie persoonlik opneem nie. So kan hulle leer om positief te reageer en nie kop verloor in situasies van druk nie.
- Wys voor 'n oefening, sonder dat die res van die span dit weet, sommige spelers aan om bewegings te ontwrig en foute te maak en kyk hoe jou span hierop reageer. Hierdie dinge gaan gebeur – jy kan hulle maar netsowel daarop voorberei. Skep doelbewus ontwrigting en bemeester dit. Dit kan aanvanklik 'n verskoning word vir mislukking, maar hoe meer 'n mens hierdeur werk, hoe meer sal jy vind dat die verskonings verdwyn en dat verantwoordelikheid vir sukses die enigste alternatief is. Die een wat kan glimlag in die gesig van ontwrigting, onregverdigheid, foute en swak omstandighede, is uit die aard van die saak die een wat koelkop is en met meer gesag sal optree as ander. Dis eintlik so maklik om te leer om koelkop te wees!

Iemand wat koelkop is, sal nooit 'n verskoning hê nie. As jy soos 'n kampioen dink, sal jy net glimlag wanneer ander kla en verskonings maak omdat jy weet daar is net een antwoord op alles: Bemeester dit! Kom dit te bowe!

Wanneer jy by hierdie punt kom, sal jy ook verstaan dat alles tot jou voordeel is, dat alles jou meer ervaring gee, en dat alles tydelik is.

Om die beste te wees, moet jy die bestes kan wen.

DOEN DIT

- Beleef jy tans 'n teleurstelling of 'n uitdaging? Hoe benader jy dit? Daar is twee maniere waarop jy dit kan interpreteer:

  a) Jy kry swaar en jy voel jy word ingedoen. Dit is so onregverdig!

  OF

  b) God is besig om jou te vorm en wanneer jy hierdie uitdaging kan bemeester, is jy reg vir die volgende een. Die lewe is nie vir sissies nie!

- Watter uitdagings is daar tans op jou pad? Of lei jy dalk 'n baie gemaklike lewe? Kan jy hierdie uitdagings neerskryf?

  _____

  _____

  _____

  _____

  _____

- Wat is jy tans besig om prys te gee vir jou droom? Kan jy dit opnoem? Is dit vir jou sleg of voel jy trots daarop?

  _____

  _____

  _____

  _____

  _____

- Wees eerlik: Soek jy na uitdagings of vermy jy hulle?

  ☐ Ek soek uitdagings.

  ☐ Ek vermy uitdagings.

- Is jy bereid om iemand te vra om dit vir jou moeilik te maak deur jou onder druk te plaas en te toets – of is dit darem net 'n bietjie te veel gevra?

  ☐ Ek is bereid.

  ☐ Sjoe, nee.

WOORDE VAN WYSHEID

Ag dit louter vreugde, my broeders, wanneer julle in allerhande versoekinge val en wanneer julle uitdagings in die gesig staar, want hiervan kan julle seker wees en julle moet verstaan dat beproewinge van julle geloof lydsaamheid (deursettingsvermoë) bewerk. Maar die lydsaamheid moet tot volle verwerkliking kom sodat julle volmaak en sonder gebrek kan wees. En niks kortkom nie!

– Jakobus 1:2-4

As ek die formule gehad het om uitdagings te vermy, sou ek dit nooit gedeel het nie, want uitdagings vorm ons vermoë om hulle te hanteer. Ek soek nie moeilikheid nie, dit is so goed soos om dit jou vyand te maak. Maar wanneer jy moeilikheid kry, gaan dit tegemoet soos 'n vriend, want jy gaan dit vir seker nog baiekeer in jou lewe teëkom. Jy moet liewer sorg dat jy op goeie voet daarmee kom.

– Oliver Wendell Holmes

Jou sukses word nie soseer gemeet aan die posisie wat jy in die lewe bereik het nie, maar eerder aan die hindernisse wat jy te bowe moes kom om dit te bereik.

– Booker T Washington

BREEK VRY!

V rees vir sukses is een van die grootste redes waarom baie mense misluk. Is jy werklik gereed om 'n kampioen te word of is dit maar net 'n lekker droom? Wat beteken dit om 'n kampioen te word?

- Jy gaan konstant in die kalklig wees.
- Jy sal die teiken van ander word – nie net in kompetisies nie, maar ook tydens oefeninge.
- Jy sal meer as ander gekritiseer en veroordeel word, want dit is wat mense met sterre doen.
- Jy gaan verantwoordelik wees vir 'n baie hoër standaard in jou lewe as die gemiddelde persoon.
- Jy sal nie die luuksheid hê om die foute te maak wat die deursneemens maak nie, want die samelewing gaan jou vir veel meer verantwoordelik hou.
- Jy het minder ruimte vir vergifnis en minder ruimte om emosioneel jou kop te verloor, want "'n kampioen doen dit nie".
- Jy kan nie terugval op verskonings nie, want kampioene het nie verskonings nie!
- Jy sal in die openbaar voor mense moet optree en praat.
- Jy sal bekend wees – nie net vir wie jy nou is nie, maar ook vir wie jy in jou verlede was.
- Jy sal altyd deur die deursneemens uitgedaag word om tot sy vlak te daal, want dit sal hom belangrik laat voel.
- Daar sal meer, en meer intense versoekings op jou pad kom.

- Mense sal 'n stukkie van jou wil hê. Dit sal 'n groot uitdaging word om 'n private lewe te kan lei.

Hierdie lys kan aangaan en aangaan. Die vraag is: Is jy regtig gereed hiervoor? Is dit regtig wat jy in jou lewe soek? Daar is geen manier waarop jy 'n kampioen en 'n held kan word sonder hierdie veranderinge in jou lewe nie.

As jy nie bereid is om jouself bloot te stel nie, as jy nie sterk genoeg is om kritiek te verduur nie, as jy nie genoeg selfvertroue het om die teiken te wees nie, as jy nie bereid is om 'n lewe van uitnemendheid te lewe nie en as jy nie bereid is om verantwoordelikheid te aanvaar vir elke besluit wat jy maak nie, dan is dit nie vir jou nie en dan sal jy ook nooit die paal haal nie.

> Niemand is perfek nie. Maar die strewe daarna om perfek te wees – dis waaroor die lewe gaan. As jy nooit met minder as jou heel beste tevrede is nie, sal jy verstom staan oor wat jy kan regkry.
>
> – Vince Lombardi

Die slotsom: As jy veilig en gemaklik wil wees kan jy maar daarvan vergeet om 'n groot sukses van jou lewe te maak. Maar as jy na hierdie lys kan kyk en sê: Dit is wat ek soek. Dit is waarom ek hier op aarde is en dit is wat ek wil leer om te doen. Ek is bereid om hierdie prys te betaal. Dan kan jy die paal beslis haal.

As hierdie lys egter vir jou lyk soos 'n monster wat jou bedreig en jy klaar aan redes begin dink waarom dit vir jou anders sal wees, het jy in jou gedagtes reeds 'n muur begin bou om jou prestasievlak te beheer en te verhoed dat jy werklik 'n kampioen word. Jy mag dalk al die talent in die wêreld hê, maar as jou brein 'n muur begin bou het om jou vlak van prestasie te beheer, sal jou liggaam nooit verder gaan as daardie muur nie. Jou liggaam (jou brein se slaaf) sal nooit verder vorder as die muur nie.

Van die dinge op die lys kan dalk nou vir jou vreesaanjaend wees, soos om in die openbaar te praat, om deur mense gekritiseer te word of om die teiken te word van ander. Die antwoord is: Berei jouself hierop voor.

As jy weet dat jy in die openbaar sal moet praat, bemeester die kuns van openbare optrede! Skryf in vir 'n kursus, kry professionele opleiding en soek raad. Kan jy dink wat in jou binneste sal gebeur as jy drastiese stappe neem en bereid is om jou grense van gemak af te breek? Die vraag is: Hoe ernstig is jy oor jou droom? Wat sal met jou gebeur as jy vandag inskryf vir 'n kursus in openbare optrede, as jy iemand aanstel as mentor in jou lewe en as jy leer om 'n vreemde taal te praat? Jy sal dit nooit weet totdat jy dit doen nie!

Ek het dit onlangs persoonlik sien gebeur! 'n Jong man met 'n groot droom wat na so gesprek besluit het om drastiese stappe te neem. Hy het homself begin voorberei vir sy droom! Hy was totaal ongemaklik daarmee om Engels te praat, maar het geweet dat as hy sy droom wil verwesenlik, sou hy met die internasionale pers en gehore in Engels moes praat. Hy wou alle moontlike verskonings om dit nie te maak nie uit die weg ruim. Daarom het hy besluit om hulle een vir een te elimineer. Daardie selfde week het hy homself ingeskryf vir 'n kursus om Engels te leer praat. Terwyl ek besig was om hierdie boek te voltooi, was dit nog nie sy beurt nie, maar wees verseker – in my volgende boek sal ek oor hom skryf.

Kan jy sien dat die vrees vir sukses en die gevolge daarvan kan veroorsaak dat jy jouself kan verhinder om suksesvol te wees? Om verkeerde besluite vroeg in jou lewe te neem is een van die grootste redes waarom baie potensiële kampioene nooit daardie kampioene word nie! Hulle het hulself in die voet geskiet sonder dat hulle dit geweet het. Hulle het 'n muur gebou waaroor hulle nooit sal klim nie. Hulle het dinge gedoen wat hulle verkieslik vir die res van hul lewe in die duister wil hou. As 'n kampioen sal dit beteken dat die lig op alles in jou lewe gaan val, ook op daardie duister plekke in jou verlede . . . Sien jy kans daarvoor?

Dit gaan nie net oor die dinge wat 'n mens doen nie. Dit kan ook wees waar jy vandaan kom. Dit kan wees wie jou ouers is. Dit kan wees wat jy oor jouself glo. As jy kom uit 'n familie met 'n slegte geskiedenis en waar dinge liefs in die duister gehou moet word, kan dit die rede wees waarom jy nooit die kampioen word wat jy veronderstel is om te wees nie. Jy weet, al is dit in jou onderbewussyn, dat hierdie dinge bekend gaan word wanneer jy 'n superster is. Mense weet alles van kampioene en dit is waarom dit so belangrik is om seker te wees van wie jy is! As jy seker is van wie jy is, hoef jy nooit onder die oordeel van mense te staan nie. Jy kan nooit op 'n plek kom waar die opinies van mense bepaal wie jy is nie. Jy kan nie bekostig om jou vryheid in die hande van mense te plaas nie. Jou vryheid, wie jy is, kan jy net in die hande van jou Skepper toevertrou.

> Dit is baie eenvoudig. As jy nie die mense kan vergewe wat jou teleurgestel en seergemaak het nie, draai jy jou rug op jou toekoms. Wanneer jy vergewe, begin jy vorentoe stap.
>
> – Tyler Perry

Jy kan die gevolge van sukses net hanteer as jy weet wat dit is en as jy bereid is om dit te bemeester. Een sekere stap om hierdie gevolge meesterlik baas te raak is om gered te word. Wanneer jy gered is van jouself, en die foute in jou verlede, is jy vry om 'n lewe te leef in die lig – daar waar ware kampioene leef! Daar is talle voorbeelde van sulke kampioene. Klink die naam Gary Player dalk bekend? Ken jy die naam Bryan Habana? Het jy al gehoor van Rodger Federer? Weet jy van Pierre Spies? Ek is seker jy het al die naam Penny Heyns gehoor! Die naam Victor Matfield is sekerlik nie onbekend by mense – veral in Suid-Afrika, Australië of Nieu-Zeeland nie! Hierdie lys van name gaan aan en aan . . .

Die enigste manier om vry te wees, is om nie onder die oordeel van mense te staan nie! Wanneer mense jou nie meer kan oordeel nie, en wanneer hulle opinie nie meer bepaal wie jy is nie, begin jy leef as 'n vry mens. Dan kan jy op internasionale televisie 'n tweede of derde taal praat. En jy kan foute maak sonder dat jy minderwaardig of verleë voel daaroor. Dan kan jy jou heel beste doen in 'n kompetisie en dalk nie uitblink nie, selfs misluk, maar nooit jou hoop of entoesiasme verloor nie. Iemand anders kan jou klop, maar dis sal nie verander wie jy is nie.

> God se soewereine plan verander foute in wonderwerke en teleurstellings in getuienisse.
>
> – Dr. Myles Munroe

Die swaarste las wat enige mens kan dra is om deur jouself geoordeel en veroordeel te word. Hierdie "regter" het al talle potensiële kampioene onwaardig verklaar. Mag jy nooit een van hulle wees nie! Staan jou plek vol. Wees vry van jou verlede omdat jy gered is en vergifnis gevra en ontvang het. Wees vry in jou toekoms omdat jy kies om in die lig te lewe! Kies om in die lig te lewe en gaan jou toekoms as 'n vry mens tegemoet. Wees vry om bekend te word, om ontbloot te word en om gekritiseer te word, Staan deur alles in nederigheid, maar met die gesag van Christus in jou. Wees vry omdat jy bereid is om verantwoordelikheid te aanvaar!

DOEN DIT

- Weet jy wat met jou gaan gebeur wanneer jy jou droom verwesenlik?

  _____
  _____
  _____
  _____
  _____

- Wat is daar van jou waarvan min mense weet, of waaroor jy dalk skaam voel?

  _____
  _____
  _____
  _____
  _____

- Sou jy bereid wees om dit met iemand te deel?

  ☐ Ja

  ☐ Nee

- Wat is een van die grootste foute wat jy nog in jou lewe gemaak het?

  _____
  _____
  _____
  _____
  _____

- Watter van die gevolge van sukses wat aan die begin van die hoofstuk genoem is, laat jou ongemaklik voel?

_____

_____

_____

_____

_____

- Wat gaan jy daaromtrent doen?

_____

_____

_____

_____

- Wanneer?

_____

_____

_____

_____

- Wat is die slegste wat ander dalk van jou mag dink op hierdie oomblik?

_____

_____

_____

_____

_____

- Kan dit verander aan wie jy weet jy werklik is?

  ☐ Ja

  ☐ Nee

- Word jy maklik kwaad vir jouself?

  ☐ Ja

  ☐ Nee

- Indien ja, hoe lank sal jy wil aanhou hiermee?

  ☐ Ek weet nie.

  ☐ Dis verby.

WOORDE VAN WYSHEID

As ons ons sondes bely, Hy is getrou en regverdig om ons die sondes te vergewe en ons van alle ongeregtigheid te reinig.

— 1 Johannes 1:9

As jy te bang is om kanse te waag sal jy nooit die horisonne van jou lewe ontdek nie.

— Jannie Putter

Hou jou gesig na die son gedraai, dan sal jy nie die skaduwees kan sien nie.

— Helen Keller

Jy word suksesvol die oomblik dat jy begin werk aan 'n betekenisvolle droom.

— Anoniem

Hoofstuk 7

KOPPEL JOU DRADE

Ons leef in 'n nuwe era. Ons leef in 'n tyd van tegnologie. Tegnologie wat ons meer as ooit in staat stel om ons "drade reg te koppel". 'n Gebrek aan selfvertroue is iets wat ons almal verstaan. Dit is iets wat ons almal al ervaar het en dit is die woorde wat ons gebruik om 'n situasie te beskryf waar iemand iets anders doen as wat hy of sy graag sou wou. 'n Mens se liggaam druk nie deur nie, wat bloot 'n teken is van onsekerheid en twyfel.

> Goed wat uit niks verkry is, word minder; maar hy wat met die hand bymekaarmaak, kry altyd meer.
>
> – Spreuke 13:11

Die oorsaak van 'n gebrek aan selfvertroue is dikwels dat jou liggaam nie doen wat jy dink hy doen nie. Daar is 'n kortsluiting tussen wat jou brein jou liggaam aansê om te doen en wat jou liggaam in werklikheid doen. Ons is dikwels nie bewus van hierdie kortsluiting nie. Al wat gebeur is dat ons nie die resultate sien wat ons hoop om te sien nie en dan aanvaar ons maar dat dit iets in die kop is. Dit is nie in die kop nie. Daar is dalk niks verkeerd met jou denke nie. Dit is eenvoudig 'n geval van jou bedrading wat nie reg is nie.

Ons mag dink ons weet, maar ons weet nie. Ons mag dink ons verstaan, maar ons verstaan nie. Ons het dalk die kennis, maar nog nie die begrip nie. Ons kan dink ons weet hoe ons lyk, maar ons weet nie regtig nie. Dit is waarom 'n spieël so groot bate is in sommige liggaambouers se lewens. In hul gedagtes is hulle klein, maar gelukkig vertel die spieël vir hulle 'n ander storie. In die spieël lyk hulle massief, maar in hulle koppe bly hulle klein. Dit is waarom hulle konstant in die spieël moet kyk – hulle vertrou hulself nie. Hul denke het nooit verander nie. Dieselfde geld vir mense wat aan anorexia ly. In hierdie geval is die denke egter baie sterker as die spieël en 'n lewe gaan verlore as gevolg van verkeerde bedrading.

Om die liggaam en die denke korrek te koppel is net moontlik as 'n mens die regte proses volg. Dit bestaan uit baie duidelike stappe. Elke stap is noodsaaklik en geen stap kan vermy word nie. Wanneer jy 'n stap kortwiek of vermy, kan jy jou maar voorberei vir chaos. Jou liggaam en jou denke sal dan uit pas wees. As ons in ons kinderjare verkeerd bedraad word, vereis dit gewoonlik 'n pynlike proses van ontkoppeling voordat ons ons kan herbedraad.

Jou liggaam gehoorsaam die opdragte wat hy van jou brein ontvang, maar jou liggaam kan net reageer deur te verwys na vorige persoonlike ervarings, of wat jy by ander waargeneem het. Ons voer dikwels 'n beweging uit op grond van hoe ons ander mense dit sien doen het, soos byvoorbeeld hoe jou afrigter dit vir jou gedemonstreer het. Om 'n beweging of vaardigheid reg uit te voer of na te boots is beslis nie 'n gegewe nie, selfs al weet ons hoe dit lyk. Die liggaam en die brein moet eers verbind om saam te kan werk. Dit beteken dat die brein die korrekte senuwees moet stimuleer sodat die regte spiere geaktiveer kan word om 'n beweging uit te voer. Die liggaam wag vir 'n "prentjie" van die brein af en boots dit so goed as wat hy kan na.

Wat as die korrekte senuwees nog nooit gestimuleer was nie? Wat as jou liggaam nog geen idee het hoe die beweging voel nie? Jou liggaam moet 'n roete vind om te begin beweeg en gewoonlik – soos alles in die natuur – sal dit die roete wees wat die minste weerstand bied – 'n roete wat voorheen al gebruik was.

Dikwels is die korrekte pad nog nooit gebruik nie. As gevolg hiervan mag die liggaam dus 'n verkeerde roete gebruik om uiteindelik 'n beweging te probeer uitvoer. Dit mag dalk werk, maar jy sal altyd ondoeltreffend bly. Waarom gebruik ons nie tegnologie om ons liggaam en brein korrek te koppel nie? Die antwoord is eenvoudig: Jy moet jouself *sien* om jou *doen* en jou *voel* met mekaar te kan vergelyk!

Hoe dikwels het jy jouself al in aksie gesien en verbaas gestaan? Nooit het jy gedink jy lyk so nie! Dit het dan so anders gevoel. Al wat dit beteken is dat daar 'n verskil is tussen wat jy geglo het jy doen en wat jy werklik gedoen het!

'n Manier om hierdie kortsluiting te herstel is deur visuele terugvoering. Ek is 'n entoesiastiese gholfspeler. 'n Tyd gelede was my voorgee nege. Ek kon van tyd tot tyd goeie houe slaan, maar my spel was nie bestendig nie en ek het geen werklike sekerheid gehad nie. Iets het gekort. Ek het geglo dat ek my linkerarm reguit hou op my terugswaai. Trouens, ek was seker my linkerarm was reguit! Dit het nooit by my opgekom dat dalk nie so was nie.

Soos dit toe gebeur het my vrou my eendag met ons videokamera afgeneem op die dryfbaan. Daardie aand het ek myself vir die eerste keer gesien. Ek was teleurgesteld, maar ook verras. Hoe het ek ooit tot op 'n voorgee van nege gevorder met so 'n swaai? My linkerarm was nooit reguit nie en juis daarom het ek geen bestendigheid in my rigting gehad nie. Ek het eintlik baie snaaks gelyk vir myself.

Ek het besef dat dit wat ek gedink het, nie die waarheid was nie. Dit mag dalk gemaklik gevoel het, maar ek het uitgemis op een van die belangrikste beginsels of sleutels vir die korrekte uitvoer van 'n gholfhou: Ek moes my swaai korter maak sodat my arm nie hoef te buig nie en dit het veroorsaak dat my swaai ook baie eenvoudiger was en minder ruimte gelaat het vir foute. Ek het die volgende dag 'n rondte saam met my gereelde gholfmaat gaan speel en glo dit as jy wil, ek het twee houe minder as baansyfer gespeel! 'n Rekord vir my en die beste rondte gholf in my lewe! Wat het gebeur? Ek glo dit was bloot omdat ek my brein en my liggaam beter bedraad het. My voorgee het dadelik begin sak en soms wonder ek wat sou gebeur het as ek gholf as 'n loopbaan gekies het in plaas van die opwindende beroep wat ek tans beoefen. Dalk het ek juis nie omdat ek soveel vreugde vind in my werk . . . en ek kan steeds 'n heerlike rondte gholf speel.

Is jy bereid om prys te gee dit wat jy het
sodat jy kan kry wat jy nie het nie?

Die slotsom: Kyk na jouself en kry jou bedrading reg! Maak seker dat wat jy glo jy doen en wat jy werklik doen dieselfde is. Dit het nie net te doen met jou tegniese vaardigheid nie, maar ook met jou gesindheid, jou energie, jou liggaamstaal, ensovoorts. Soms mag ons glo ons is positief, vriendelik, goed gemanierd en entoesiasties . . . totdat ons onsself sien.

Herhaling is die sleutel tot bemeestering.

Hierdie oefening is nie net 'n eenmalige gebeurtenis nie. Jy moet dit gereeld doen. Jy sal verbaas en opgewonde wees. Daar is soms 'n wêreldse verskil tussen voel en sien. Wanneer iemand vir jou iets vertel, kan jy sy woorde interpreteer op watter manier jy ook al wil. Wanneer jy iets sien, is interpretasie amper onnodig.

DOEN DIT

- Is een van die kenmerke van jou tegniek jou pragtige deurswaai?

  ☐ Ja

  ☐ Nee

- Indien nee, waaroor is jy onseker?

  _____

  _____

- Is jy baie seker oor hoe jy lyk wanneer jy doen wat jy doen?

  ☐ Ja

  ☐ Onseker

  ☐ Nee

- Dink jy jou tegniek werk baie goed vir jou, of twyfel jy soms oor jou daaroor? Indien jy soms twyfel, wat dink jy is die beste ding wat jy daaromtrent kan doen sodat jy sekerheid kan kry en kan begin om met selfvertroue "deur te swaai"?

  _____

  _____

- Is jy bereid om af te sien van gemak en met die hulp van 'n afrigter te verander – en dalk ongemak te ervaar sodat jy iets nuuts kan bemeester?

  ☐ Ja, ek is.

  ☐ Nee, ek wil nie.

- Indien nee, dink vir een oomblik hieraan: Sê nou dit werk? Onthou, dit gaan alles oor wat jy glo. Wat jy glo, sal jy ook uiteindelik waar bewys – onthou dit!

DIE WAARHEID

- Die beste verkoopsman verwag dat die kliënt sy produk sal koop.

- Die beste bestuurder verwag dat sy personeel lojaal en kreatief sal wees.

- Die beste leiers verwag dat mense hulle sal volg.

- Die beste onderwysers verwag dat die kinders by hulle sal leer.

- Die beste sprekers verwag dat die mense aandagtig sal luister en baat sal vind by wat hulle sê.

- Die beste sportmanne verwag dat hulle die geleentheid sal bemeester.

Wat verwag jy?

WOORDE VAN WYSHEID

Die wysheid van 'n verstandige mens wys vir hom 'n duidelike koers aan; die dwaasheid van 'n dwase mens maak alles vals.

— Spreuke 14:8

Uitsonderlike leiers is gewone mense met 'n ongewone passie.

— Anoniem

Die sleutel tot die lewe is dat jy kan kies.

— Charl Frederick

Sommige mense ervaar dinge en vra: "Waarom?"

Ander ervaar dieselfde dinge en vra: "Waarom nie?"

— George Bernard Shaw

Glo en tree op asof dit onmoontlik is om te misluk. Soms is dit al wat nodig is om die vyand op die vlug te laat slaan.

— Jannie Putter

MAAK SEKER JY HET 'N VALSKERM

'n Feit van die lewe:

Mense sal jou oordeel en kritiseer! As jy soos 'n kampioen wil dink, sal jy moet leer om met wysheid te onderskei. Enige dwaas kan kritiseer, kla en oordeel, en die meeste dwase doen dit ook.

> Daar sal altyd mense wees wat jou
> vertel jou drome is te groot en jou
> hoop onmoontlik. Ignoreer hulle.
>
> — Larry Banks

As jy dwaas wil wees en in 'n oeroue strik wil trap, kan jy die kritiek en oordeel van dwase persoonlik opneem. Om soos 'n kampioen te dink beteken dat die vertroue wat jy in jou potensiaal en talent plaas nie afhanklik is van die opinie van iemand soos 'n joernalis, 'n afrigter of 'n toeskouer nie. Dit is 'n stille sekerheid wat jy binne jou dra. As jy aan jouself wil twyfel, kan jy maar netsowel van jou droom vergeet. As jy jou drome wil bou op die opinies van ander mense, kan jy maar nou al die handdoek ingooi. Die wêreld is vol van dwase en gemiddelde mense wat niks anders kan doen as om hul niksseggende opinie bekend te maak en ander te kritiseer nie. As jy toelaat dat sulke mense jou laat twyfel in jouself, is jy self 'n dwaas en ook nie reg om 'n kampioen te wees nie.

Niemand is onoorwinlik nie. Op elke gegewe
oomblik kan enige persoon wen. Jy moet
'n balans handhaaf tussen selfvertroue en
nederigheid. Harde voorbereiding, die regte
gesindheid en die ondersteuning van jou familie
en vriende gee jou selfvertroue. Maar jy het ook
nederigheid nodig – om getrou te bly aan jouself.

– H Jackson Brown Jr

Die grootste kampioene moes leer om intense, negatiewe kritiek te verwerk. Die oomblik wat jy ineenstort as gevolg van die opinies of kritiek van ander mense, is die oomblik wat jy toelaat dat jou droom en die pad daarna in 'n groot slaggat val. Baie meer drome is gesteel deur die opinies van ander as wat dit 'n gebrek aan vermoë was!

Onthou, almal misluk soms en almal maak foute. Almal van ons laat soms die bal val met 'n oop doellyn voor jou. Om die bal te laat val beteken vir geen oomblik dat jy nie talent het nie. Om 'n doodvat te mis verander nie jou hart nie. Om nie die afsnypunt te haal nie beteken nie dat jy nie genoeg talent het nie. Dit is alles deel van die reis om jou karakter te vorm – dit is nie daar om jou karakter af te breek nie. As jy soos 'n kampioen dink, sal gebeure soos hierdie jou bou en nie breek nie. As jy soos 'n verloorder dink, sal terugslae soos hierdie jou beslis knou. Die keuse bly joune.

Maak seker dat jy 'n valskerm het. Wanneer jy val, het jy iemand nodig om jou te vang. Wanneer jy twyfel, het jy iemand nodig om geloof te spreek. Wanneer jy gekritiseer en veroordeel word, het jy iemand nodig wat jou bemoedig en in jou glo.

Daar is mense wat onverskillig woorde
uitspreek soos swaardsteke, maar die
tong van die wyse is genesing.

– Spreuke 12:18 (1953-vertaling)

Om soos 'n kampioen te kan dink, moet jy leer om die gevolge van dinge te kan sien. Jy moet verstaan wat die uitwerking is van 'n negatiewe koerantberig. Jy moet verstaan wat met jou gebeur wanneer jy negatiewe kritiek hoor van teleurgestelde toeskouers. Jy moet weet wat in jou gemoed gebeur en jy moet gereed wees om hierdie struikelblok te bowe te kom.

'N PAAR WENKE

- Vermy die koerante! 'n Koerantberig is nie die publieke opinie nie. Dit is slegs die opinie van 'n joernalis wat dit laat lyk asof dit die publiek se mening is. In teendeel, die joernalis se droom is om 'n publieke opinie te vorm. As jy werklik die begeerte het om die koerant te lees, vra 'n vriend om eers die berigte vir jou deur te kyk en te keur. Dit wat opbouend is, kan hy deurlaat, en dit wat afbrekend is, word gestop.

- Maak seker dat jy 'n afrigter het met twee oë! Die een oog – sy sterkste oog – moet alles raaksien wat jy reg doen. Die tweede oog moet aspekte raaksien waarin jy kan verbeter; jou foute kan regstel. Die hartseer is dat talle afrigters net een oog, die tweede een, het. Al wat hulle kan sien is die foute. Hulle knak hul atlete en dit gee aan hulle 'n gevoel van mag. Wat 'n grap! As jou afrigter jou laat twyfel in jouself en jou vermoë, dank hom of haar af.

- Maak seker dat jou afrigter jou opbou en nie afbreek nie. 'n Ware afrigter kweek geloof – nie twyfel nie. Hy lei jou om *jou* potensiaal te verwesenlik en nie om self beroemd te word nie!

- Sommige atlete sit met 'n eenoog-afrigter wat hy of sy nie kan afdank nie. Hulle is maar te dankbaar om deel te kan wees van "sy" span en hy weet dit. Leer om so 'n afrigter reg te hanteer. Sien wie hy is en leer om dit wat hy sê nie persoonlik op te neem nie! Neem dit wat hy sê met 'n knippie sout en wees slim in jou onderskeid. Hy is kleinlik, so styg bo dit uit. Onthou, dit is nooit nodig om 'n eenoog-afrigter te kritiseer nie. Dit dien geen doel nie en wys net dat jy ook kleinlik is.

- Kry eerder vir jou 'n "valskerm" in die vorm van 'n vriend wat jou sal opbou en die "ander" oog voorsien.
- Moet nooit jou selfbeeld bou op die opinie van 'n afrigter of joernalis nie. Bou dit eerder op die soliede fondamente van wie jy in Christus is. Bou jou karakter op God se Woord en nie op die woorde van mense nie.
- Kry 'n mentor – iemand wat nie persoonlik betrokke is in jou lewe nie en wat jou met objektiewe raad kan bedien. So 'n persoon sal genoeg wysheid hê om te verstaan dat alles deel is van jou proses van groei en dat jy soms moet leer om negatiewe elemente soos swak afrigters, beserings, en swak spankeuses te hanteer en dit nie as 'n verskoning moet gebruik nie. Onthou, nie elke afrigter is 'n mentor nie – veral nie in spansport nie. Jy gaan wel afrigters kry wat beide rolle kan vervul, maar hulle is skaars.
- Kies 'n ware vriend as jou mentor. Gee daardie vriend die reg om in jou lewe in te spreek. Vra hom om jou te stop as hy sien jy is op die verkeerde pad. As jy nie iemand die reg gee om in jou lewe te spreek nie, sal jy altyd dit wat jy verkeerd doen probeer regverdig. Dit is fataal, veral wanneer jy besig is om die pad byster te raak. Wees slim – ons het almal hulp nodig om bo uit te kom.

As daar nie goeie oorleg is nie, val 'n volk.

– Spreuke 11:14 (1953-vertaling)

DOEN DIT

- Weet jy hoe dit voel om 'n vernederende fout voor ander te maak?

  ☐ Ja

  ☐ Nee

- Het jy daardie fout met opset begaan of was dit 'n ongeluk?

  ☐ Opsetlik

  ☐ Ongeluk

- Het ander al so fout begaan?

  ☐ Ja

  ☐ Nee

- Het daardie fout jou geknak, of het dit jou gevorm? (Let wel: Dit is jou keuse hoe jy dit beskou.)

  ☐ Gebreek

  ☐ Gevorm

- Wie is jou "valskerm" in die lewe?

  Naam: _____

- Kan jy die vorige vier vrae met daardie persoon deel?

  ☐ Ja

  ☐ Nee

- Wat sal daardie persoon oor hierdie dinge in jou lewe sê?

  _____

  _____

- Het jy 'n afrigter met "twee oë" of een met net "een oog"?

  ☐ Een oog

  ☐ Twee oë

- As jy 'n eenoog-afrigter het – is jy bereid om iemand met die ander oog te soek?

  ☐ Ja

  ☐ Onseker

  ☐ Nee, ek is te bang.

- Het jy al iemand gevra om jou valskermvriend te wees en om in jou lewe in te spreek?

  ☐ Ja

  ☐ Onseker

  ☐ Nee, ek is te bang.

WOORDE VAN WYSHEID

Die weg van 'n dwaas is reg in sy eie oë, maar die wyse man luister na goeie raad.

– Spreuke 12:15 (1953-vertaling)

Die gedagtes van die regverdige is op dit wat reg en goed is. Maar die slim planne en raad van die goddelose lei tot bedrog (en jou ondergang).

– Spreuke 12:5 (1953-vertaling)

Wees regverdig met my – wys my soos ek is. Moenie probeer om my te laat goed lyk nie, maar moet ook nie probeer om my te laat sleg lyk nie. Wys my net soos ek is.

– Vince Lombardi

Niemand weet hoe vêr en hoe hoog jy sal gaan nie, nie eens jy nie . . . totdat jy jou vlerke sprei en vlieg.

– Anoniem

Die grootste fout wat ons kan maak is om onsself jammer te kry, want in selfbejammering is daar geen belofte van oorwinning nie.

– Jannie Putter

SO STERK SOOS DIE SWAKSTE SKAKEL

'n Ketting is so sterk soos sy swakste skakel.

Hierdie is nie onbekende woorde nie. Daar is 'n baie duidelike bedoeling agter hierdie woord: 'n Span is so goed soos die swakste speler daarin. Kan 'n span 'n swak speler bekostig? Kan dit jy wees? Wat is 'n swak speler?

Om soos 'n kampioen te dink beteken jy sal nooit op die punt kom om te wonder of jy dalk die swak skakel in die span is nie. Die ware betekenis van 'n sterk of swak skakel in 'n span het te doen met die volgende:

- Hoe jy reageer voor 'n wedstryd of kompetisie.
- Hoe jy reageer wanneer jy 'n fout maak.
- Hoe jy reageer wanneer 'n spanmaat 'n fout maak.
- Hoe jy reageer op konfrontasie van teenstanders.
- Hoe jy reageer op die beslissings van 'n skeidsregter.
- Hoe jy reageer wanneer dinge skeefloop, byvoorbeeld as daar punte teen jou span aangeteken word.
- Hoe jy reageer op die reaksie van jul afrigter.
- Hoe jy reageer op omgewingstoestande.

Jy moet seker maak dat jy nie die swak skakel is nie. Hoe kan jy? Dink 'n bietjie mooi na oor wat jy gelees het in Hoofstuk 3 (Mik regs, nie links nie). Die antwoord op die vraag is baie maklik . . .

> 'n Leier is in staat om in alle
> omstandighede te konsentreer en kop
> te hou wanneer ander kop verloor.
>
> — John C Maxwell

WORD 'N STERK SKAKEL

Hoe word jy 'n sterk skakel?

1. Weet dat jy in die span is omdat jy goed genoeg is. Dit is waarom hulle jou gekies het – oor jou talente en vermoëns. Hulle het jou gekies omdat jy dinge kan doen. Om jou insluiting in 'n span te bevraagteken is dodelik. Jy is gekies – geniet dit!
2. Besluit dat jy soos 'n kampioen wil optree. Neem jou voor om invloed te hê. Beplan om raak te sien waar leemtes is en besluit dat *jy* die een sal wees wat daardie leemtes vul.

VOOR DIE WEDSTRYD

Vra jouself af: Is ek seker of onseker?

Enige dwaas kan praat oor probleme, swak skeidsregters, swak omstandighede, die weer, moontlike ongerymdhede, oor hoe sterk die teenstanders is en oor statistieke van die verlede en die meeste dwase doen dit ook. Al wat hulle eintlik doen is om 'n rede te soek indien hulle misluk. Dit is 'n duidelike teken van 'n verloormentaliteit – dit is wat "swak skakels" doen.

Geen kampioen het ooit 'n rede vir mislukking nie. Inteendeel, die uitdaging lê daarin om ten spyte van omstandighede nog steeds jou heel beste te kan gee. As dit goed genoeg is, sal jy wen.

As jy soos 'n kampioen dink, is jy gevul met entoesiasme, met hoop, en met 'n verwagting van sukses. Iemand wat soos 'n kampioen dink sal dikwels deur dwase vermy word, want hulle soek altyd iemand wat met hul twyfelagtigheid en onsekerheid sal saamstem. As jy soos 'n kampioen dink, sal jy jouself dikwels buite 'n groep bevind en nie sommer deel van die massa wees nie.

As jy soos 'n kampioen dink, sal jy weet dat dit dwaas is om op die uitslag te fokus. Die uitslag is onbekend en jy het geen beheer daaroor nie. 'n Kampioen fokus op sy eie pogings, want hy het beheer daaroor. Voor 'n wedstryd is jou gedagtes gefokus op spesifieke vaardighede wat jy graag wil uitvoer en nie die resultate daarvan nie. Om op 'n spesifieke vaardigheid te fokus beteken dat jy dit jou doelwit maak om byvoorbeeld 'n sekere hoeveelheid laagvatte uit te voer of dat jy gaan fokus om 'n sekere hoeveelheid skoonvelde gaan raakslaan. Jy gaan dalk probeer om op 'n spesifieke manier te hardloop, of 'n sekere hoeveelheid afslane in te slaan. Dalk wil jy 'n spesifieke ritme handhaaf? Elke sportsoort het spesifieke vaardighede wat, wanneer dit effektief uitgevoer word, jou kanse op oorwinning baie groter maak. Die vraag is dus:

+ Waarop fokus jy voor 'n wedstryd?
+ Wat is jou verwagting?
+ Sien jy waarom sekere dinge kan werk en ander moontlike probleme kan word?

WANNEER JY 'N FOUT MAAK

Die mens se denke werk soos volg:

Wanneer jy 'n fout maak – veral as jy deel is van 'n span – voel jy onmiddellik dat jy mense soos jouself, jou ouers en jou span in die steek laat. In die eerste plek omdat jy van jouself verwag om nie daardie fout te maak nie en tweedens omdat jy weet dat die res van die span ook gehoop het dat jy nie daardie fout sal maak nie. Dit is 'n feit dat net hy wat bereid is om kanse te waag en foute te maak sal groei en beter word. Hy wat nie bereid is om dit te doen nie sal net bly waar hy is en stagneer. Slegs 'n dwaas glo dat dit moontlik is om geen foute te maak en nog steeds die beste te word. Foute is deel van groei en ervaring opdoen. Dit is foute wat aan sport en ook die lewe verskeidenheid en karakter gee.

Dink vir 'n oomblik oor die volgende: Elke fout wat ek maak is 'n positiewe fout, want dit maak my beter.

Jy het besluit om 'n kampioen te word. Jy het ook besluit dat jy bereid is om kanse te waag en te groei. Dit beteken dat jy ook van tyd tot tyd gaan misluk. Die vraag is dus nie meer of jy gaan foute maak nie – jy gaan! Die vraag word nou: Hoe gaan jy reageer op die foute wat jy maak?

Jy het twee opsies:

OPSIE 1

Jy kan jouself blameer, skuldig voel en aanmekaar om verskoning vra. Die gevolge hiervan is:

- Jy word die swak skakel in die span.
- Jy fokus al die energie en aandag op jouself.
- Jou spanmaats se energie moet nou op jou gefokus word (en nie meer op die taak nie) om te sorg dat hulle jou weer positief kan kry.
- Jou energie is negatief, want jy fokus op dit wat sleg is en dit wat verby is.
- Jou teenstanders geniet elke oomblik, want hulle speel teen een teenstander minder.
- Jou verwagting verwerklik wat jy glo – dat jy besig is om jou span in die steek te laat. Dit word 'n sneeubal wat groter en groter word.
- Jy dink soos 'n verloorder.
- Jy is pateties, kry jouself jammer en hoop ander doen dit ook.

OPSIE 2

Jy kan die fout maak en onmiddellik weet dat jou spanmaats teleurgesteld is en dat hulle gaan wonder of jy oukei is, want dit kan nie vir enigiemand lekker wees om so 'n fout te maak nie. Omdat jy dit weet, kan jy so optree: Sjoe! Jammer vir my fout. Ek aanvaar volle verantwoordelikheid daarvoor en glo my – ek het die teenoorgestelde in gedagte gehad. Dankie dat julle my vergewe en moenie bekommerd wees oor my nie – ek vergewe myself en hou my dop, want ek gaan regmaak! Die gevolge hiervan is:

- Jy bly 'n sterk skakel in die span.
- Jy behou jou eie, en die span se fokus op die taak wat uitgevoer moet word.
- Jy stel jou spanmaats gerus deur verantwoordelikheid te aanvaar en vir hulle te sê wat jou gemoedstoestand is.
- Niemand hoef jou te probeer positief kry nie – jy het dit self reeds gedoen omdat jy dit wat verby is agter jou gesit het en jou fokus verskuif het na wat jy nou wil doen.
- Jou teenstanders kry geen energie van jou kant af nie omdat jy slegs positiewe energie uitstraal. Hulle bepaal dus nie daardie emosionele morele oorwinning wat die meeste teenstanders op hoop nie.
- Jou verwagting is positief en daarop ingestel om die regte dinge te doen. Jou energievlak is hoog en jy is gevul met entoesiasme omdat jy uitsien na dit wat kom. Jy het dus die potensiële negatiewe sneeubal onmiddellik laat smelt met jou positiewe energie.
- Jy groei in jou vermoë om soos 'n kampioen te dink, want jy verstaan dat jou span oor meer gaan as net oor jou. Dit gaan oor die invloed wat jy het op die res van jou span.
- Jy inspireer die span en stap voor as 'n leier, want jy bejammer nie jouself nie en daarom sal niemand anders jou jammer kry nie.

- Jy is 'n kragtige skakel in hierdie span en jy dink werklik soos 'n kampioen.

Dit is baie eenvoudig. 'n Swak skakel het niks te doen met talent of vermoë nie. Dit gaan geensins daaroor nie! Dit het alles te doen met hoe jy reageer wanneer slegte dinge gebeur! 'n Span word gekies en hy is so sterk soos die talent daarin. Sommige mense het meer talent as ander. As jy deel is van 'n span, is jy daar omdat jy goed genoeg is en omdat jy beskikbaar is – jy kan niks meer gee as wat jy is nie. Om jouself te evalueer op grond van jou talent om te bepaal of jy 'n sterk of swak skakel is in 'n span, is dwaas. Jy is wie jy is met die talent wat jy het. Dit wat jy kan doen is dit wat jy kan doen – net jou heel beste!

Wat moet jy doen as 'n spanmaat 'n dom fout maak? As jy 'n dwaas is, sal jy jou teleurstelling wys deur sonder terugvoering te gee, om te draai en te loop. Jy mag dalk selfs die volgende dink: Dit is mos nie 'n slegte ding om te doen deur net om te draai en te loop nie? Jy's reg, dit is nie sleg om dit te doen nie. Wie gee om of dit 'n slegte ding is om te doen? Die vraag is: Is dit die *beste* ding wat jy kan doen . . .?

> Liefde en vergifnis gee aan elkeen van ons die geleentheid om wonderwerke te doen.
>
> – Lydia M Child

Onthou, dit gaan nie oor wat ander doen nie. Dit gaan oor wat *jy* doen. Wat dink jy is die beste ding om te doen wanneer 'n maat 'n fout maak? Plaas jouself in die ander persoon se skoene: Wat sal jy dink en hoe sal jy voel as jy so 'n fout begaan het? Wat is daardie persoon se behoefte? Kan jy dit raaksien en daaraan voldoen? Dan is jy die een wat soos 'n kampioen dink.

As iemand 'n fout gemaak het, is dit belangrik vir hom om te hoor hy is vergewe. Elke persoon wat 'n fout gemaak het, het nodig om dit te hoor. Die tweede ding wat so 'n persoon moet hoor, is wat jy van hom verwag. Daardeur verplaas jy dadelik die persoon se denke op die toekoms – weg van die fout, weg van die verlede. Die belangrikste is waarskynlik dat jy nooit jammer sal voel vir die persoon nie. As jy iemand bejammer, maak jy die deur oop vir selfbejammering en hulpeloosheid. En dit is 'n dodelike "virus". Jou beste reaksie as 'n maat 'n fout maak sal waarskynlik iets wees soos: Sjoe, dit was amper, maar moenie bekommerd wees nie – dit het al baie met my gebeur. Fokus nou op die volgende geleentheid en doen jou bes. Dit gaan nou uitwerk.

Selfveroordeling is 'n dodelike virus wat jou van binne verteer. In 'n span-opset is dit soos 'n doodsvonnis vir die span. Daarom is dit nodig dat ons hierdie virus dadelik onskadelik stel deur vergifnis te wys. As jy soos 'n kampioen dink, sal jy die een wees wat hierdie self voorsien. Smeer jouself in en salf ander daarmee. Die een wat hierdie salf kan smeer is 'n sterk skakel in enige span.

DOEN DIT

- Is jy 'n pessimis of 'n optimis?

  ☐ 'n Optimis

  ☐ 'n Pessimis

- Wat doen jy wanneer jy 'n fout maak?

  ☐ Teleurgesteld in myself.

  ☐ Ek tob daaroor.

  ☐ Ek vergewe myself.

- Wat doen jy as 'n spanmaat 'n fout maak?

  ☐ Ek maak 'n bohaai daaroor.

  ☐ Ek is effens apaties en wys my teleurstelling.

  ☐ Dis deel van alles en lekker om te kan vergewe.

- Wat dink jy van 'n skeidsregter?

  ☐ Hy is 'n aap.

  ☐ Hy is 'n essensiële deel van die wedstryd.

- Is jy iemand wat dikwels gesels oor alles wat moontlik verkeerd is – dinge soos die weer, die baan, die skeidsregter, ensovoorts? Of is dit dinge wat jy as deel van die wedstryd beskou en spandeer jy nie baie tyd en energie daarop nie?

  ☐ Ek praat daaroor.

  ☐ Dis alles dinge wat deel is van die spel en bemeester moet word.

- Maak 'n lys van die vaardigheidsdoelwitte in jou sport – dinge wat, as jy dit regkry, 'n groot in vloed sal hê op jou vermoë om suksesvol te wees in die wedstryde op kompetisies.

* _____

* _____

* _____

* _____

* _____

* _____

- Hoe dikwels dink jy aan foute?

  ☐ Ek vermy foute tot elke prys en dink baie daaraan.

  ☐ Dit pla my nie, want dis deel van my leerproses.

- Hoe dikwels besluit jy doelbewus om jouself of iemand anders dadelik te vergewe?

  ☐ Baie

  ☐ Selde

  ☐ Dis vir my moeilik.

- Sou jy jouself beskou as 'n sterk skakel? Dit maak nie saak hoe goed of sterk jy fisiek is nie – dit maak nie dat jy 'n sterk skakel is nie. Soms is dit juis die sterkste speler in 'n span wat die swakste skakel word omdat hy oorsensitief is vir foute en kritiek. Dit maak dit soveel moeiliker vir sy spanmaats.

  ☐ Ek is koelkop, want ek spandeer min energie op foute wat gemaak is.

  ☐ Ek moet verbeter, want ek spandeer baie energie op foute en negatiewe dinge.

WOORDE VAN WYSHEID

Waar die goddelose bang voor is — dit kom oor hom; maar die begeerte van die regverdiges vervul Hy.

– Spreuke 10:24 (1953-vertaling)

As ons nie leer om te luister nie sal ons waarskynlik aanhou om nooit werklik te verstaan nie.

– Anoniem

Die kuns van goeie kommunikasie lê grootliks in jou vermoë om nie 'n ander persoon in die rede te val nie.

– Jannie Putter

Kampioene vat kanse. Net soos vir ander is dit nie vir 'n kampioen lekker om 'n fout te maak nie. Maar 'n kampioen is iemand wat nooit toelaat dat die vrees om 'n fout te maak sy besluite beheer nie.

– Aaron

DIE SWAPE!

Konfrontasie is deel van kompetisie. Alle sportsoorte het die element van konfrontasie as inherente karakter op een of ander wyse. Om koelkop te wees beteken dat jy die vermoë ontwikkel om seker te maak dat niemand jou denke manipuleer nie. 'n Uitstekende voorbeeld van so 'n persoon – in 'n sportsoort waar fisieke konfrontasie al talle uitstaande spelers laat val het – is Richie McCaw, die voormalige losvoorspeler en kaptein van die wêreldbekende All Black-rugbyspan. Voor hom was daar Sean Fitzpatrick, nog 'n klassieke voorbeeld van so 'n speler. Hierdie spelers het bekend geraak omdat albei 'n sterk persoonlik het en veral omdat hulle die vermoë ontwikkel het om in ander spelers se koppe in te kom. Min spelers het dit egter ooit reggekry om in hulle koppe in te kom. Hulle laat hulle nie ontstel deur die konfrontasies van teenstanders nie. Inteendeel, dit is hulle wat gedurig die teenstanders ontstel. Hulle dink nie werklik aan hul teenstanders nie; hul teenstanders dink aan hulle.

> Die vereistes van kompetisie is eenvoudig:
> Ons moet hard werk, ons moet uithou, ons
> moet aanhou, en die heel belangrikste,
> ons mag nooit tou opgooi nie.
>
> – Simms

Wanneer jy deel is van 'n span, dra jy ook die span se belange op die hart. Baie van ons dink dat ons 'n held is wanneer ons aggressief teenoor 'n teenstander optree wat buite die reëls van die spel speel. Wel, in die verlede was dit dalk so, maar tye het verander en vandag is jy 'n held wanneer jy in staat is om jou emosies te beheer.

Die vraag is, het jy die vermoë om kalm te bly in die hitte van die oomblik, of verg dit nie veel om jou te laat kop verloor nie? Jou geestelike taaiheid word bepaal deur hoe moeilik dit is om jou denke te manipuleer. Kan jy sê: Ek laat my deur geen teenstander, skeidsregter, toeskouer of omstandighede omkrap nie? Jy kan as jy so besluit. Dit sal beteken dat jy in alle omstandighede met gesag sal optree, dat jy altyd in beheer sal wees van jou emosies en dat niks jou moedeloos of hulpeloos sal laat nie. Geen konfrontasie, reg of verkeerd, sal jou sover kry om aggressief of negatief op te tree nie. Dit beteken dat jy koelkop is. As jy so besluit, kan jy mos daarby staan.

"DIE ONNOSEL REF . . .!"

Elke emosie wat jy toon, het 'n invloed op die skeidsregter en derhalwe op jou span. 'n Dwaas het nie die vermoë om te verstaan dat wat hy of sy doen teenoor 'n skeidsregter ook sy hele span beïnvloed nie. 'n Dwaas glo dat hy werklik in staat is om 'n skeidsregter se beslissings te verander. Dit het nog nooit gebeur nie en sal ook nooit gebeur nie. Hoekom? Geen mens – veral nie 'n skeidsregter nie – wil hoor dat hy verkeerd is of 'n fout gemaak het nie.

As jy twyfel aan 'n skeidsregter se regverdigheid, sal hy jou altyd reg bewys. Hy sal nie regverdig teenoor jou optree nie. 'n Skeidsregter is 'n iemand wat sy persoonlike oordeel moet gebruik om situasies in 'n wedstryd te analiseer en dienooreenkomstig beslissings te maak. As jy jou kop skud oor sy beslissings, teëpraat, mompel of brom, sal enige skeidsregter dit interpreteer as 'n persoonlike aanklag dat sy oordeel verkeerd is. Geen mens wil hoor hy is verkeerd nie, veral nie as jy aangestel is om 'n wedstryd te beheer nie. Dit is soos 'n messteek in die hart en baie persoonlik.

Wat wil mense hoor? Wat wil 'n skeidsregter hoor? Mense wil hoor hulle is reg! Dit beteken dat die manier waarop die skeidsregter blaas, reg is – al verskil dit van jou mening. 'n Skeidsregter kan net volgens sy eie oordeel blaas. Wees wys en betwyfel nooit daardie persoon se oordeel nie, selfs al is dit blatant en skokkend in jou opinie. Jy sal nooit 'n skeidsregter verkeerd bewys nie. Die antwoord vir jou is: Hanteer dit en aanvaar sy beslissings en sien dit as deel van die wedstryd wat jy op daardie dag speel. 'n Skeidsregter is so deel van 'n wedstryd soos wat die wind en die weer deel is van 'n wedstryd. Jy kan daaroor kla of jy kan dit reg hanteer – die keuse is joune! As jy daaroor kla, het jy pas 'n rede vir mislukking geïdentifiseer en sal jy dit gewoonlik ook nodig hê. As jy dit hanteer en as deel van die wedstryd sien, sal jy gewoonlik nie verskonings nodig hê nie.

As jy van 'n skeidsregter verskil en jou gevoelens openlik uitspreek, kelder jy jou hele span. Dan is jy die swak skakel in die span. 'n Sterk skakel is iemand wat enige beslissing van 'n skeidsregter dadelik aanvaar en dienooreenkomstig optree. Wanneer jy kla oor die skeidsregter, maak jy die deur oop vir die res van jou span om dit ook as verskoning te gebruik. Wanneer 'n afrigter oor 'n skeidsregter kla, is dit fataal. Sy span is gedoem. Hy het so pas vir sy span 'n rede gegee waarom hulle maar kan misluk. Wat jy glo, gaan jy waar bewys. As jy glo dat die skeidsregter pateties is, gaan jy dit vir seker so bewys.

As jy koelkop bly en soos 'n kampioen dink, sal jy verstaan dat jy nie die luuksheid het om oor 'n skeidsregter te kla nie. Die besluit lê by jou – en jy neem dit vóór 'n wedstryd. Gaan jy vandag soos 'n kampioen optree? Vir my is dit nie 'n moeilike keuse nie, want ek hanteer die skeidsregter met wysheid: Ek aanvaar sy beslissings, want dit is deel van die dag se kompetisie.

OEPS, DIE TEENSTANDERS HET "GE-SCORE"!

Jou vermoë om sukses en mislukking te hanteer is essensieel vir die vorming van jou karakter! Enige wedstryd, enige kompetisie het 'n risikofaktor. Dit beteken daar is 'n kans op sukses sowel as mislukking. Jy moet voor die tyd besluit hoe jy tydens alle omstandighede gaan optree. Jy kan nie wag dat 'n situasie ontstaan en dan besluit hoe om op te tree nie. Dit is wat 'n mens reaktiewe optrede noem. Dit is die optrede van 'n dwaas. Pro-aktiewe optrede is die optrede van iemand wat soos 'n kampioen kan dink en beteken jy besluit hoe jy gaan optree voordat dinge gebeur.

> Kampioene se sukses begin wanneer dié
> wat misluk, ophou om te probeer.
>
> – Edward Eggleston

Wanneer jy deel van 'n span is, het jou reaksie op sukses en mislukking 'n groot uitwerking op die res van jou span, en ook op jou teenstanders. As daar punte teen julle aangeteken word en jy raak paniekerig, geïrriteerd, kwaad, kritiserend ensovoorts, maak jy die deur oop vir mislukking. Al wat paniek, irritasie, woede en kritiek veroorsaak, is spanning. In die teenwoordigheid van spanning floreer twyfel: vrees vir mislukking. Wanneer jy twyfel, word jy soos 'n magneet vir mislukking. Niemand wil in so 'n posisie wees nie.

Aan die ander kant, wanneer daar punte teen julle aangeteken word en jy is kalm, beredeneerd, gefokus en doelgerig, bring jy rustigheid. In die teenwoordigheid van rustigheid kan selfvertroue 'n plek vind. Selfvertroue word gekweek in die akker van duidelike en haalbare doelwitte. Nie uitslagdoelwitte (om te wen) nie, maar wel vaardigheidsdoelwitte – dinge waaroor mense beheer het soos 'n duikslag, pas waarteen jy hardloop, bepaalde aksies, ensovoorts. 'n Koelkop-optrede in 'n noodsituasie is noodsaaklik vir sukses. Kalmte is 'n keuse wat 'n mens kan maak voordat 'n noodsituasie opduik. Kalmte is 'n eienskap wat 'n mens kan inoefen. Lees gerus weer hoofstuk 5 – (Moeilik of maklik?). Beheersde emosies is 'n opvallende kenmerk van 'n effektiewe leier. Oefen "noodsituasies" in en leer dat koelkop-optrede die enigste uitweg is. Wees gefokus op dinge wat jy kan beheer.

EN AS DIE AFRIGTER KOP VERLOOR?

'n Dwaas neem alles persoonlik op. 'n Wyse mens verstaan waar dinge vandaan kom en dit veroorsaak dat die optrede van 'n afrigter wat dikwels emosioneel betrokke raak by die wedstryd jou nie ontstel nie.

'n Kampioen verstaan dat mense soms "kop verloor" en vat dit nie persoonlik nie, veral as daardie persoon die afrigter is. Iemand wat soos 'n kampioen dink, weet dat 'n span nie in hulle afrigter kan begin twyfel nie. As jy soos 'n kampioen dink, sal jy opkom vir die afrigter, vir die skeidsregter, vir die weer, vir ongunstige omstandighede, want 'n kampioen verstaan dat daardie omstandighede nie gaan verander nie. Hoe jy daardie omstandighede benader, maak wel 'n verskil. 'n Leier weet dat 'n span gevestig word op sy leierskap en juis daarom is dit nooit voordelig vir enigiemand as die afrigter swak gemaak word en betwyfel word nie!

Natuurlik gebeur dit soms dat afrigters ontsteld raak en kop verloor. Hulle kyk na die wedstryd vanuit 'n totaal ander oogpunt en met 'n totaal ander emosionele energie. Dit het al, en dit sal nog, baie gebeur. Die feit dat jy deel is van die span maak ook dat jy die verantwoordelikheid moet verstaan wat dit beteken om lojaal te wees aan die span én die afrigter. Dis maklik om 'n fout uit te wys – enige dwaas kan dit doen. Maar dit verg iemand van karakter, 'n koelkop-ou, om die gevolge te besef en met wysheid op te tree. Dit is 'n kombinasie van al hierdie uitdaging wat ons uiteindelik kompetisie noem. Die vraag is: Wie kan dit die beste doen? Dít is wat bepaal of jy uiteindelik 'n kampioen is of nie.

Slegte weer, swak skeidsregters, 'n nat veld, groot geraas, hoë temperature, negatiewe omstandighede . . . ek gaan nie veel hieroor sê nie. Dit is als deel van die kompetisie. As jy dit as ongunstig beskou, dan ís hulle. As jy omstandighede as deel van die uitdaging beskou – dan is dit ook so! Net 'n dwaas sal glo dat alles perfek moet wees voordat hy of sy kan presteer. Enigiemand kan presteer wanneer daar geen druk is nie, maar dit is nie waaroor kompetisie gaan nie. Kompetisie, oorwinning en sukses gaan oor die bemeestering van omstandighede. 'n Ware kampioen word gekenmerk aan sy vermoë om onder druk (negatiewe omstandighede) steeds 'n hoë vlak van prestasie te kan lewer.

Daar is nie so iets soos ongunstige omstandighede nie. Daar is nie iets soos 'n swak skeidsregter nie. Daar is nie iets soos swak ondersteuners nie. Daar is nie iets soos slegte weersomstandighede nie. Al hierdie dinge saam is die elemente waaruit kompetisie bestaan. Die dag se omstandighede is deel van die kompetisie, en die deelnemer wat daardie omstandighede die beste kan bemeester, sal uiteindelik met die louere wegstap. Mag dit jy wees!

DOEN DIT

- Hoe maklik is dit om jou kwaad te kry of om jou te ontstel?

  ☐ Maklik

  ☐ Moeilik

  ☐ Onmoontlik

- Hoe maklik word jy vir jouself kwaad?

  ☐ Maklik

  ☐ Ek word nie vir myself kwaad nie.

- Kan jy besluit om te alle tye in beheer sal bly van jou emosies en daarby staan?

  ☐ Ja

  ☐ Dit gaan moeilik wees.

  ☐ Onmoontlik

- Verstaan jy dat ander mense, veral skeidsregters, anders dink as jy? Kan jy hulle perspektief respekteer en aanvaar, of is dit vir jou die einde van die wêreld?

  ☐ Ja – ek verstaan hulle is anders.

  ☐ Hulle moet mos dink soos ek.

- Wat is jou mees onlangse rede (verskoning) vir mislukking?

  _____

  _____

Was dit jou laaste?

☐ Ja, dit was.

☐ Sjoe, dis darem nie so maklik nie.

- As jy vandag kon kies, hoe sou jy graag wil optree wanneer:

'n Teenstander jou uittart?

_____

'n Familielid jou tart?

_____

'n Skeidsregter 'n fout maak?

_____

Jou afrigter jou uittrap?

_____

'n Teenstander jou verkul?

_____

'n Spanmaat jou verkleineer?

_____

'n Teenstander arrogant is teenoor jou?

_____

'n Taxibestuurder voor jou inry?

_____

Hierdie oefening mag dalk lyk na 'n grap, maar wees verseker, as jy vandag wyse keuses maak, kan dit jou hele lewe verander. Elke keuse wat jy maak het gevolge. 'n Dwaas is blind vir die gevolge, want hy reageer net op die oomblik. 'n Wyse man oorweeg eers die gevolge en maak daarmee wyse besluite. Dink mooi oor wat dit is wat jy regtig wil hê in jou lewe. Op die ou end is dit heerlik, want jy weet jy tree met gesag op en nie soos 'n dwaas nie.

WOORDE VAN WYSHEID

Vertrou op die Here met jou hele hart en steun nie op jou eie insig nie. Ken Hom in al jou weë – dan sal Hy jou paaie gelykmaak.

— Spreuke 3:5-6 (1953-vertaling)

Vriendelike woorde is soos 'n heuningkoek: soet vir die siel en 'n genesing vir die gebeente.

— Spreuke 16:24 (1953-vertaling)

As jou vyand val, verheug jou nie; en as hy struikel, laat jou hart nie juig nie.

— Spreuke 24:17 (1953-vertaling)

Kampioene neem verantwoordelikheid vir hulle lewe. Hulle is positiewe denkers wat die goeie in alles raaksien. Kampioene skryf hul mislukkings nie aan ongeluk toe nie en beskou nie hul oorwinnings as geluk nie.

— Aaron

EK HET KOP VERLOOR!

D it gebeur met almal. Maak nie saak hoe goed en hoe talentvol jy is nie – soms loop dinge net skeef.

Jy kan perfek voorbereid wees, kalm en rustig, met die regte gesindheid, toegespits op jou vaardighede en nie op die uitslag nie, reg vir elke uitdaging. Skielik kan jy die eenvoudigste vaardigheid net nie regkry nie! Dit voel asof die wêreld sy rug op jou gekeer het. Jy voel soos 'n pateet en of jy jou kop verloor. Alles wat jy geleer het, die kleinste, eenvoudigste bewegingkies, die maklikste strategie, jou ritme, jou manier van dink – alles verdwyn! Jy kry net eenvoudig niks reg nie en jou kop werk teen die spoed van lig om 'n oplossing te kry – met geen antwoord nie. Jy word paniekerig en voel hoe jy kop verloor.

Niks wat jy probeer, werk nie.

Jy verloor letterlik al jou selfvertroue in 'n oogwink en jy, wat veronderstel is om soos 'n kampioen te dink, voel heeltemal hulpeloos. Wat maak jy nou? Al waarvan jy bewus is, is die twyfel wat jou vreet.

DAAR IS 'N ANTWOORD

Soek vir hulp van buite – en vinnig! Vra *enige* hulp en aanvaar dit, want alles wat jy in jou het, het halt geroep. Ek verduidelik, want dit het met my gebeur.

Ek speel in 'n landwye tennistoernooi. Ek is deel van 'n interprovinsiale span, so elke wedstryd tel vir die span se prestasie. Ek wen die eerste stel van my wedstryd heel gemaklik en ek voel positief, want dit gaan goed. Ons begin toe met die tweede stel en ewe skielik – sonder enige rede – verloor ek kop. Alles loop ewe skielik vir my verkeerd en alles werk net skielik vir my teenstander! Dit word uiteindelik so erg dat ek net kan lag oor die belaglike foute wat ek maak. Toe onthou ek uit die bloute 'n gesprek wat ek met my vrou gehad het presies hieroor. Ek onthou die vrae wat by my opgekom het terwyl ek besig was om met atlete te werk en die ervarings wat ek vroeër in my lewe gehad het. Ewe skielik tref die antwoord my en ek besluit om dit sommer dadelik te probeer.

Ek was duidelik bewus van die "kortsluiting" wat besig was om plaas te vind, en ek het ook dadelik besef dat ek op daardie tydstip niks hieraan kon doen nie. Alles in my het alles wat ek doen bevraagteken. As ek regtig dwaas wou wees, sou ek teen hierdie dinge probeer stry het, met 'n glimlag, positiewe denke, deur myself aan te praat of hoe ook al. Ek het dit probeer en dit het nie gewerk nie. Die spreekwoordelike "paw-paw het die fan gestrike"! Ek stop toe my geveg. Ek hou op om die antwoord in my te soek en om aanpassings te probeer maak. Ek glimlag net vir die verleentheid op daardie oomblik en stap draad toe om met een van die dames in my span te praat: Verskoon tog – kan jy 'n bietjie na my spel kyk en my sê wat jy dink ek moet doen? Help my asseblief, want ek het kop verloor.

Heeltemal verbaas oor my versoek – ek is dan die "kopdokter" – stem sy in. Ek speel nog 'n spel en maak nog onverstaanbare foute. Weer na die draad en ek vra: Wat stel jy voor doen ek?

Sy, wat geen afrigter is nie, gee toe vir my die volgende raad: "Jannie, ek sien jy is te haastig om die punt te vat. Neem jou tyd en speel die bal nog eenkeer terug."

Glo my, ek het dit al hoeveel keer vir myself gesê, maar hierdie keer was dit nie ek wat dit sê nie. Dit was iemand anders. My antwoord was nie "ek het dit al probeer" nie. My antwoord was: Dit is presies wat ek moes hoor. Dankie, dit gaan werk. Hou my dop!

Ons was in daardie stadium in die derde, en finale, stel en ek was 4 – 1 agter. Dit was my teenstander se beurt om af te slaan. Ewe skielik begin dinge verander! Ek vat die een punt na die ander. Die momentum swaai om en my selfvertroue keer terug en alles wat ek doen, werk. Die teenstander se momentum draai ook. Niks werk meer vir hom nie en die telbord weerspieël dit. Ek wen die stel 7 – 5 tot groot ontsteltenis van die teenstanders! Ek het my antwoord gekry.

Wanneer jy kop verloor, wat soms met ons almal kan gebeur, is jy dikwels nie in staat om jouself terug te kry op die pad nie. Jy bevraagteken alles wat jy weet, want niks wat jy dink of doen werk nie. Daarom het jy hulp nodig. Hulp van buite. Jou selfvertroue is weg, so kry iemand anders wat jy gaan vertrou! Jou liggaam smag na 'n opdrag wat hy kan vertrou, want jou eie opdragte word almal bevraagteken. Steek jou trots in jou sak en klim van jou troontjie af. Gee iemand anders 'n kans – al is dit net vir 'n oomblik.

Daar is twee punte van belang: 1. Jy moet raad vra. 2. Jy moet die raad aanvaar en jy moet hardop sê jy aanvaar dit. Jou liggaam moet jou dit hoor sê en besluit: Sjoe, dis al wat ek moes hoor. Dit gaan werk.

Onthou, jy sal altyd wat jy glo (of nie glo nie) waar bewys. Besluit wat jy wil glo en as jy kop verloor, vra hulp. Ons het dit almal soms nodig.

DOEN DIT

- Het jy al ooit kop verloor? Of is jy altyd in beheer van alles wat jy doen?

  ☐ Ek het al kop verloor.

  ☐ Nee – ek het nog nooit nie.

- Kan jy jouself 100 % vertrou of het jy jouself al in die steek gelaat? Was jy teleurgesteld in jou optrede, jou besluite of jou hantering van mense?

  ☐ Ek het myself al dikwels teleurgestel.

  ☐ Ek het nog nooit 'n foute gemaak nie.

- Hoe gereeld lag jy? Is jy gereed om daagliks meer te lag, of voel jy ongemaklik om jou vreugde te wys? Indien jy ongemaklik voel om meer te lag, moet jy jouself dalk vra: Vat ek nie die lewe te ernstig op nie? Is my lewe vir my 'n vreugde of is dit of is dit 'n worsteling?

  ☐ Ek is gereed om baie meer te lag.

  ☐ Die lewe is 'n ernstige saak.

  ☐ Ek weet nie regtig hoe om meer te lag nie.

- Is jy bereid om vir hulp te vra of is dit "die laaste ding wat jy sal doen"? Wees eerlik!

  ☐ Ek het dikwels hulp nodig en ek vra daarvoor.

  ☐ Ek kan nie hulp vra nie – want dan is ek swak.

- Kan jy raad ontvang (nadat jy iemand daarvoor gevra het) of het jy altyd 'n antwoord?

  ☐ Ek vra vir raad en ontvang dit.

  ☐ Ek weet gewoonlik beter – so ek vra nie maklik vir raad nie.

WOORDE VAN WYSHEID

. . . want my krag word in swakheid volbring. Baie liewer sal ek dus in my swakhede roem, sodat die krag van Christus in my kan woon . . . Want as ek swak is, dan is ek sterk.

— 2 Korintiërs 12:9-10 (1953-vertaling)

Die hart van die verstandige verwerf kennis, en die oor van die wyse soek na kennis.

— Spreuke 18:15 (1953-vertaling)

Die weg van 'n dwaas is reg in sy eie oë, maar die wyse luister na raad.

— Spreuke 12:15 (1953-vertaling)

Gelukkig is die mens wat wysheid gevind het, en die mens wat verstand verkry; want die verkryging daarvan is beter as dié van silwer, en die verwerwing daarvan beter as van goud; dit is kosteliker as korale, en al jou kleinode kan daar nie mee vergelyk word nie. In sy regterhand is lengte van dae, in sy linkerhand rykdom en eer; sy weë, en al sy paaie is vrede. Dit is 'n lewensboom vir die wat dit aangryp, en elkeen wat dit vashou, is gelukkig.

— Spreuke 3:13-18 (1953-vertaling)

Hoofstuk 12

AL VOEL JY NIE DAARNA NIE – DOEN DIT NET!

Jou vasberadenheid word baie beïnvloed deur jou bereidwilligheid om 'n prys te betaal.

Hoe groter die prys wat jy betaal, hoe moeiliker sal jy opgee en hoe harder sal jy veg vir oorwinning.

Wanneer jy nie lus voel om te oefen nie en net lus voel om te ontspan en niks te doen nie; wanneer jy nie lus voel om reg te eet nie; wanneer jy sommer net lus is vir gemorskos; wanneer jy nie lus het om wêreldse pret en plesier prys te gee nie en liewer saam met jou vriende wil drink en jou net oorgee; wanneer jy nie lus het om die regte dinge te doen nie; wanneer jy net wil ontspan en nie verantwoordelik wil wees vir so 'n hoë vlak van verantwoordelikheid in jou lewe nie . . . doen dan presies wat jy nie lus het om te doen nie.

Dit is wanneer jy soos 'n kampioen begin dink! Dit is wanneer jy die prys betaal, wanneer jy selfvertroue bou, wanneer jou trots groei en wanneer jy werklik jou pad na sukses begin!

Tog, as jy dit nie doen nie – as jy toegee en net 'n oomblik lank jou droom eenkant toe skuif – dan het jy jou verskoning gekry waarom jy maar kan misluk. Dit kan die bepalende oomblik in jou loopbaan wees.

> 'n Wenner is iemand wat homself
> uit verskonings uit praat.
>
> – Gin Miller

As jy nie doen wat jy weet jy moet doen nie, al is dit net een keer, het jy die deur oopgemaak na mislukking. As jy dit weer en weer doen, sal dit later 'n gewoonte word. En ons gewoontes vorm ons karakter.

As jy een sigaret rook en niks gebeur met jou nie – jy word nie uitgevang nie, jy word nie gestraf nie, jou gesondheid gaan nie dramaties agteruit nie en jy is nog steeds in staat om goed te presteer – waarom sal jy nie nog een rook nie? Veral as jou "maats" dink jy is "cool" en vol waagmoed?

Om net eenmaal weg te kom deur 'n verkeerde ding te doen, is al wat dit vat om 'n gewoonte te laat posvat. Net een maal! As jy verneuk en jy kom weg daarmee, wat sal jou stop om dit weer te doen? Niks gaan jou keer nie. Jy het die vaardigheid onder die knie gekry, al is dit om 'n verkeerde ding te doen. Waarom sal jy dit dan nie weer nie?

> Die skuldoffer wat deur dwase gebring
> word, maak hulle bespotlik; mense wat
> opreg lewe, geniet die guns van God.
>
> – Spreuke 14:9

'n Kampioen weet daar is geen alternatief vir die regte ding nie. Selfs al voel jy nie daarna nie, doen jy dit bloot omdat jy weet dit is die regte ding om te doen. 'n Kampioen se droom en motivering is baie groter as sy onmiddellike behoefte na bevrediging. As jy nie doen wat jy weet jy moet doen nie, is jy besig om 'n vroeë graf te grawe vir 'n wonderlike droom . . .

Dink jy ek oefen elke oggend omdat ek lus voel daarvoor? Jy maak seker 'n grap. Daar is baie oggende wat ek baie meer lus is om net in die bed te bly lê en lui te wees. Doen ek dit? Nee, want ek weet as ek net een oggend wegkom daarmee, sal ek dit mos weer doen. My persoonlike ervaring het my al baie duur lesse geleer. Ek weet 'n gewoonte, veral 'n slegte gewoonte, het net een suksesvolle poging nodig om pos te vat. En voordat jy jou oë uitvee, beheer daardie gewoonte jou lewe.

Natuurlik bederf ek myself van tyd tot tyd, maar dit bly altyd net 'n bederf. Jy mag dalk vra: Wat is die verskil tussen 'n bederf en een suksesvolle poging? Die antwoord is eenvoudig: Dis 'n besluit voor die tyd en dit is nooit 'n besluit om iets wat sleg is vir jou (soos rook, oormatige alkohol, ensovoorts) te doen nie. Dis bloot iets soos 'n rukkie inlê by my vrou op 'n koue wintersoggend. Dit is nie 'n besluit wat uit dwaasheid geneem word nie, maar in wysheid.

Dink 'n oomblik na oor dwase besluite om eenmalig aan sekere dinge deel te neem en die uiteindelike effek wat dit op 'n mens se lewe het:

- Rook
- Seks
- Pornografie
- Diefstal
- Dwelms
- Alkoholmisbruik
- Skinder
- Humeur verloor
- Verneuk
- Leuens vertel

Jy hoef hierdie dinge net een maal te doen en suksesvol daarmee wegkom, dan is die kans 100 persent dat jy dit weer sal doen. Dink aan mense wat hierdie dinge doen. Hoe het dit begin? Hulle het gedink dit is net een keer en tog . . . vandag is dit 'n volle deel van hulle lewe.

Mag jy nooit hiervoor val nie – selfs al mag jy dink jy is sterk genoeg om te besluit dit is net een maal. Dit sal jou lewe en jou drome vernietig. Dit gaan nie oor die oomblik of die daad nie, maar wel oor die deur wat daardie oomblik en daardie daad in jou lewe oopmaak. Dit is 'n deur wat lei na trots, depressie, arrogansie, selfsug, verslaenheid, leegheid en die dood. Dit lyk soos die paradys wanneer jy die deur oopmaak, maar glo my, dit lei na die donker put van die hel! Ek praat uit persoonlike ervaring én wonderlike oorwinnings.

Om die regte ding te doen, selfs al voel jy nie daarna nie, is 'n sekere manier om jou geestelike weerbaarheid te groei en om selfvertroue te versterk! Selfs al voel jy nie so nie – doen dit! 'n Goeie besluit sal nooit 'n slegte nadraai hê nie, maar slegte besluite haal jou altyd in. Glo my – ek weet!

DOEN DIT

- Ken jy die gevoel van nie lus voel om die regte ding te doen nie? Natuurlik ken jy dit! Wat doen jy wanneer jy nie lus voel vir die dinge wat belangrik vir jou lewe en die verwesenliking van jou drome is nie?

  ☐ Ek gee sommer maklik oor aan daardie gevoel en geniet dit om sommer net niks te doen nie of 'n blaaskans te neem.

  ☐ Ek raak besig met iets anders sodat ek uiteindelik nie tyd het om daaraan te dink nie.

  ☐ Ek raak ongeduldig met ander omdat ek myself wysmaak dat ek nie tyd het nie.

  ☐ Ek doen waarvoor ek nie op daardie oomblik lus het nie, maar kyk altyd na die tyd terug met trots en selfrespek.

- Wat is gewoonlik jou verskoning om nie iets te doen wat jy weet jy regtig moet doen nie?

  _____

  _____

  _____

- Met watter dinge in jou lewe het jy al weggekom sonder om uitgevang te word of die gevolge te moet dra? Skryf neer hoe dit jou laat voel het – wees eerlik.

  Rook:

  _____

  Pornografie:

  _____

Steel (afkyk in eksamen ingesluit):

_____

Arrogansie en windmakerigheid:

_____

'n Leuen vertel:

_____

Lui gewees:

_____

• Dis belangrik om te verstaan dat die waarheid jou vry maak. As jy niks gevoel het nadat jy hierdie dinge gedoen het nie, is jy reeds vasgevang in 'n strik, want wat sal jou verhoed om dit weer te doen? Dink baie mooi na oor die uiteindelike gevolge van hierdie dinge. Is dit waar jy jouself graag in die toekoms wil sien?

Aan die ander kant: Wat doen jy waarvoor jy nie altyd lus voel nie, maar wat jy weet 'n positiewe, kragtige uitwerking op jou, en jou lewe, het?

☐ Ek oefen gereeld.

☐ Ek eet gesond.

☐ Ek sê altyd dankie.

☐ Ek leer hard.

☐ Ek ruim op waar ek was.

☐ Ek groet mense met respek en gemak.

☐ Ek praat altyd positief, selfs as ek nie so voel nie.

☐ Ek is altyd goed gemanierd en het respek vir ander mense.

- Hoe bederf jy jouself as beloning vir die prys wat jy betaal?

  ☐ Ek bederf myself met iets wat ek werklik geniet soos dalk 'n rondte gholf, of 'n speletjie op my pa of ma se iPad.

  ☐ Ek geniet 'n heerlike koue melkskommel / bier ná 'n tenniswedstryd.

  ☐ Ek maak 'n afspraak by 'n spa vir 'n onspannende massering.

  ☐ Ek geniet 'n lekker fliek saam met iemand spesiaal.

- Skryf 'n paar moontlike "bederfies" hier neer:

  _____

  _____

  _____

  _____

  _____

WOORDE VAN WYSHEID

Laat jou hart die sondaars nie beny nie, maar wees die hele dag in die vrees van die Here. Waarlik, daar is 'n toekoms, en jou hoop sal nie verydel word nie.

— Spreuke 23:17-18 (1953-vertaling)

Daar waar jy sukses vind sal jy ook sien daar was opofferings . . .

— H Jackson Brown

Kom die vermetelheid (arrogansie en trots), dan kom die skande. Maar in beskeidenheid (dankbaarheid en mense wat gevorm is deur uitdagings) vind jy wysheid en vrede.

— Spreuke 11:2 (1953-vertaling)

Hoe harder jy werk, hoe moeiliker is dit om op te gee.

— Vince Lombardi

Sweet is die smeermiddel (soos olie) vir sukses en die pad na sukses is 'n tolpad (jy betaal 'n prys).

— H Jackson Brown

MAAK SEKER JY WEN ALTYD

Daar bestaan nie iets soos verloor nie. Verloor bestaan slegs in die gedagte van 'n verloorder. Verloor is 'n manier van dink – nie 'n uitslag nie.

Hoe kan jy ooit die waarde van die kampioene in die geskiedenis meet as jy slegs hulle oorwinnings as maatstaf gebruik? Dit is onmoontlik. Die grootste kampioene se verhale word legendes – nie net oor hulle oorwinnings nie, maar oor die neerlae en uitdagings wat hulle moes hanteer en oorkom om uiteindelik as kampioene gekroon te word. Vir hulle was 'n neerlaag nooit 'n mislukking nie – dit was dit 'n bron van motivering en die noodsaaklike ervaring wat hulle nodig gehad het om uiteindelik die kampioen te kon word. Die fondament van hulle roem is gebou op die krag van neerlae en hulle oorwinnings wat vermeng was om uiteindelik die sement van ervaring te vorm.

Sommer net om jou gedagtes oor mislukking 'n bietjie te prikkel, hier is 'n ware verhaal:

- Hy oorleef uiters moeilike kinderjare.
- Hy ondergaan minder as een jaar formele skoolonderrig.
- In 1831 misluk sy sakeonderneming.
- In 1832 misluk hy in sy poging om tot die regering verkies te word.

- In 1833 misluk sy volgende sakeonderneming.
- In 1834 word hy tot die regering verkies.
- In 1835 sterf sy verloofde.
- In 1838 misluk hy in sy poging om die speaker van die parlement te word.
- In 1840 misluk hy weer in die parlementsverkiesing.
- In 1842 trou hy, maar sy huwelik is 'n reuse uitdaging.
- Drie van sy vier seuns sterf voor of op die ouderdom van 18 jaar.
- In 1943 misluk hy weer in sy poging om in die regering opgeneem te word.
- In 1846 word hy uiteindelik tot die regering verkies.
- In 1855 misluk hy in sy poging om tot die senaat verkies te word.
- In 1856 misluk hy in sy kandidatuur as visepresident.
- In 1858 misluk hy weer in sy poging om tot die senaat verkies te word.
- In 1860 word hy verkies tot die sestiende president van Amerika.
- Sy bynaam: "Honest Abe".
- In 1865 sterf hy in 'n sluipmoordaanval nadat hy 'n tweede keer verkies is tot president van Amerika.
- Hy is tot vandag 'n legende. Sy naam? Abraham Lincoln.

Winston Churchill, die befaamde Britse staatsman, het gesê:

> Sukses is nooit finaal nie. Mislukking is nooit fataal nie. Dapperheid is al wat tel.
>
> – Winston Churchill

Wanneer ons deelneem aan enige sport of aktiwiteit in die lewe, is daar tog net een doelwit: Om suksesvol te wees! Dit beteken baie meer as om net 'n wentelling te behaal. Wie jy uiteindelik gaan wees, sal bepaal of jy suksesvol was. Kan 'n neerlaag dan deel van jou uiteindelike sukses wees? Baie meer as wat jy dalk besef . . .

Is 'n neerlaag dan nie mislukking nie? Net in die denke van 'n dwaas. 'n Dwaas sien net mislukking, want hy verstaan nie die funksie en die krag van 'n neerlaag nie.

> Dit is baie moeilik om iemand te
> klop wat weier om op te gee.
>
> – Babe Ruth

Vrees vir mislukking het die siekte van ons tyd geword. Kinders word groot met 'n valse illusie van wie hulle is, van hulle waarde en van hulle vermoëns. Geld het die maatstaf geword wat geleenthede bepaal – nie talent en karakter nie. Kinders verstaan nie meer hoe dinge werk nie. Hulle het bloot alles tot hulle beskikking, alles om hulle te ondersteun sodat hulle die hoogste sport in die lewe kan bereik. Daar is miljoene wat wonderlike drome het. Daar is net so baie wat besondere talente het. Daar is ongelukkig min wat verstaan wat dit verg om 'n ware kampioen te word . . . en daar is nog minder wat bereid is om die prys daarvoor te betaal. Natuurlik het jy talent en geleenthede nodig, want daarsonder het jy nie werklik hoop om jou droom 'n realiteit te maak nie.

'n Sleutelvereiste om 'n betekenisvolle lewe te kan leef, is dat jy die proses van die lewe sal ervaar en bemeester. Dit word deur sommige mense beskryf as die skool van die lewe. As jy nie deur die skool van die lewe gebrei is nie, sal jy nie gereed wees om die eise en druk van die lewe te kan hanteer nie. Jy kan nie hierdie vermoë koop nie. Jy kry dit nie gratis nie. Jy kry dit slegs deur ervaring.

Te veel ouers beroof hulle kinders van hierdie noodsaaklike ervaring sonder dat hulle dit besef. Hulle dink verkeerdelik dat hulle hul kinders die swaarkry spaar en so hul liefde vir hulle kinders bewys. Wat 'n blatante leuen wat die wêreld aan ons verkoop! Kinders word bederf en daarom leer hulle nooit die waarde van dinge nie. Hulle verstaan ook te min van die lewe. Hulle weet nie wat dit is om nie te hê nie. Hulle weet nie wat dit is om 'n prys te betaal nie en opofferings te moet maak nie. Hulle weet nie wat dit is om aan te hou wanneer dit moeilik raak nie. Hulle wil dinge maklik hê en hulle wil dinge dadelik hê. En as hulle nie dinge dadelik kry nie, wil hulle tou opgooi.

Te veel ouers weet nie hoe om nee te sê nie. Hulle nee is maar net 'n tydelike uitdaging om hul kinders te toets totdat hul nee niks werd word en verander in 'n "ja, maar". Te veel ouers doen hulle kinders se huiswerk vir hulle. Hulle dra hulle tasse vir hulle skool toe, terwyl die kinders langs hulle stap met 'n selfoon in die hand en net doen wat hulle wil. Te veel ouers se lewe draai om die verwesenliking van hulle kinders se droom, of liewer, hul eie droom vir hul kinders.

> Kampioene weet daar is geen kortpaadjies na die top nie. Hulle klim die berg treetjie vir treetjie en hulle het geen nut vir, of behoefte aan, 'n helikopter nie.
>
> – Judi Adler

Hoe kan jy oorwinning verstaan en waardeer as jy nog nooit 'n neerlaag ervaar het nie? Hoe kan jy ander respekteer en waardevol ag as jy nie ander in jou lewe nodig het nie? Hoe kan jy 'n kampioen word as jy nie waardige teenstanders het wat jou toets nie? Hoe kan jy dit wat jy het waardeer as jy nog nooit gevoel het hoe dit is om dit nie te hê nie? Jy het nie nodig om iets tasbaars te verloor voordat jy waarde daaraan heg nie. Dankbaarheid en nederigheid is 'n geestesingesteldheid, 'n karaktereienskap wat jy op 'n vroeë ouderdom aanleer in die skool van die lewe.

Dit is tog jammer dat so baie van ons eers dit wat ons het moet verloor voordat ons besef wat ons gehad het. Hoeveel mense is daar wat eers hul gesondheid moet verloor voordat hulle besef wat hulle gesondheid vir hulle werd was? Hoeveel mense is daar wat eers hulle geliefdes moet verloor voordat hulle besef wie hulle geliefdes vir hulle was? Hoeveel van ons is daar wat eers sal moet val voordat ons sal weet hoe om op te staan?

Dit is nie verkeerd om dinge verniet en maklik te kry nie – die jammerte daarvan is dat nie almal wat dinge kry die waarde daarvan verstaan nie. Waarde word slegs werklik verstaan wanneer jy ook verstaan wat die prys daarvan is!

Hoe mooi is dit om dankbaarheid en nederigheid in iemand te sien. Dit is bewonderenswaardig, dit is inspirerend en dit is motiverend. Dit is 'n "gees" en 'n aura wat iemand omring en wat hom of haar laat uitstaan as 'n ware kampioen. Iemand wat dadelik in my gedagtes opkom is die legendariese tennisspeler Roger Federer: 'n toonbeeld van 'n ware kampioen.

Hoe hartseer en teleurstellend is dit aan die ander kant om te sien hoe arrogansie en trots iemand beroof van sy of haar potensiaal om 'n betekenisvolle en inspirerende bydrae te lewer. Iemand wat 'n ware kampioen sou kon wees, maar dit nooit sal word nie, al het hy of sy al die talent in die wêreld. Iemand wat dink alles draai om hom- of haarself.

'n Mens kan oorwinning slegs verstaan as jy neerlaag ken. Jy misluk nie – al wat gebeur is dat iemand anders jou wen. Dit gaan nie oor wie tweede kom nie. Dit gaan mos immers om te kyk wie op die dag kan wen. Dit gaan nooit oor verloor nie. Dit gaan altyd oor wen. Die vraag sal altyd wees: Wie gaan vandag wen? Jou gisters mag dit wat jy verstaan oor vandag beïnvloed, tog is vandag 'n nuwe geleentheid, 'n nuwe begin, met gister se ervaring. Waarom sal jy toelaat dat wat gister gebeur het, bepaal wat jy vandag verwag? Die doel van gister is immers om jou toe te rus met ervaring sodat jy vandag beter besluite kan neem! Môre is in die toekoms – so waarom jouself daaroor bekommer? Die fokus, die energie, die oomblik om te leef is NOU!

> Sukses en neerlaag word in ys geskryf. En so ook mislukking. En môre sal die son weer skyn.
>
> – Joe Garagiola

Wanneer jy jou voorberei, berei jou voor vir 'n oorwinning en sien enigiets anders as 'n ervaring wat jou nader en nader aan jou doelwit bring. Neerlaag is nooit mislukking nie – tensy jy verkies om dit so te sien.

Ek is altyd suksesvol, selfs al mag ander dit as mislukking sien! Daarom weet ek dat ek 'n ware kampioen is. En daarom dink ek soos 'n kampioen.

MY FILOSOFIE

Ek wen altyd. In alles wat ek doen – ek is altyd die wenner. Elke nou en dan mag iemand anders my wen, maar ek bly nog steeds 'n wenner, want al wen ek nie die wedstryd nie, wen ek ervaring.

As jy daarin slaag om my te oorwin op hierdie dag, onthou: Ek is môre weer terug met meer ervaring en meer wysheid.

En ek sal jou opdraand gee, want ek is 'n ware kampioen. Van een dink kan jy seker wees – ek sal nooit tou opgee nie!

DOEN DIT

- Hoe dikwels dink jy aan verloor?

  ☐ Baie

  ☐ Min

  ☐ Nooit

- Watter voordeel het hierdie gedagte al ooit vir jou meegebring?

  ☐ Niks

  ☐ Min

  ☐ Ek moet daaroor dink.

- Wat gaan met jou gebeur as jy nie jou volgende wedstryd, wedloop of kompetisie wen nie?

  ☐ Mense gaan vir my lag.

  ☐ Mense gaan my as 'n verloorder beskou.

  ☐ Mense soos my ouers gaan teleurgesteld wees in my.

  ☐ Ek gaan my borgskap verloor.

  ☐ Dit gaan 'n vernedering wees.

Ek kan aanhou met hierdie lysie en jy kan nog baie ander dinge uitdink. Antwoord egter die volgende vraag eerlik:

- Wat gebeur met 'n ware kampioen wanneer hy nie wen nie?

  ☐ Hy bly 'n kampioen.

  ☐ Hy verander in 'n verloorder.

- Kan jy dink soos 'n kampioen of dink jy dalk soos 'n verloorder?

  ☐ Niks keer my om soos 'n kampioen te dink nie.

- As jy 'n ouer is, kan jy nee sê en daarby bly of verander jy jou antwoord as jou kind lank genoeg aanhou en dit ongemaklik genoeg word vir jou?

  ☐ Ek sê nee en dit bly daarby.

  ☐ Oeps.

- As jy 'n kind is, kan jy die nee van jou ouers aanvaar of gooi jy jou speelgoed uit die kot totdat hulle van besluit verander, of wip jy jouself en kry jouself jammer?

  ☐ Ek aanvaar hul nee.

  ☐ Ek gooi my speelgoed uit die kot.

  ☐ Ek kry myself jammer.

- Watter dinge is daar in jou lewe waaroor jy werklik dankbaar is?

  _____

  _____

- Waarvoor het jy al 'n prys betaal: moes jy hard werk?

  _____

  _____

- Wat het jy maklik gekry in die lewe?

  _____

  _____

- Huil jy wanneer jy verloor of weet jy dat die ervaring – sommige mense noem dit verloor – 'n baie belangrike tree is op jou pad vorentoe?

  ☐ Ek huil.

  ☐ Dis 'n belangrike leerproses op my pad vorentoe.

WOORDE VAN WYSHEID

Hiervan kan julle seker wees: Dat alles ten goede meewerk (tot voordeel is en in pas met God se plan) vir hulle wat God liefhet en wat na Sy voorneme geroep is.

— Romeine 8:28 (1953-vertaling)

Niks sal ooit gedoen word as 'n mens wag totdat jy iets so goed kan doen dat niemand daarmee fout sal vind nie.

— John Henry Newman

Don't refuse to go on an occasional wild goose chase. That's what wild geese are for.

— Anonymous

Hoofstuk 14

BONS TERUG

---

*Ware oorwinning is om, wanneer jy
platgeslaan is, weer op te staan.*

– Vince Lombardi

Jy gaan deur 'n slegte tydperk in jou lewe. Jy beleef terugslag op terugslag. Jy is beseer. Jy is nie gekies vir die span nie. Jy het pas 'n slegte loesing gekry. Jy is raadop. Jy het die afsnypunt gemis. Jy is alleen. Jy het verloor wat vir jou belangrik was in die lewe.

Bons terug! Jy kan tou opgooi en jouself bejammer, of jy kan terugkom met mening! Daar is duisende stories van mense wat alles kon doen, maar wat nooit kon terugbons ná 'n terugslag nie. Die stories van mense met bogemiddelde talent wat nooit na vore gekom het nie omdat hulle nie bons gehad het nie. Mense wat een, twee of drie terugslae gehad het en toe besluit het om die handdoek in te gooi.

Ja, natuurlik is 'n terugslag 'n goeie verskoning vir enige dwaas of verloorder om op te gee. Tog, dieselfde terugslag gee die ware kampioen 'n goeie rede om terug te bons. Dieselfde situasie met verskillende interpretasies en reaksies daarop. Dit gaan oor die keuse wat 'n persoon in die situasie maak, nie oor die situasie self nie.

Om moed op te gee het 'n universele probleem geword, maar ook 'n aanvaarde manier om die lewe te leef. Hoe maklik is dit nie vandag om op te gee in 'n huwelik en te skei nie? Hoeveel gee op? In teendeel – in baie gevalle besluit verliefdes deesdae om nie eens meer te trou nie omdat hulle in elk geval beplan om een of ander tyd op te gee! Mense wat moed opgee word ook die samelewing se grootste kritici. Hulle kla die meeste en die hardste en hulle is ook gewoonlik die mense wat die beste raad kan gee vanaf die kantlyn. Hulle weet alles, want "hulle kon dit doen, was dit nie vir . . ." En dan opper hulle die een of ander jammerlike verskoning, iets buite hul beheer.

Die werklike rede waarom die meeste mense tou opgooi is omdat hulle nie die durf het om vas te byt nie. Mark Twain stel dit baie goed:

> As 'n kat een maal op 'n warm plaat gaan
> sit het, sal hy nooit weer op 'n warm plaat
> gaan sit nie. Trouens – hy sal nooit eens
> weer op 'n koue plaat gaan sit nie.

Dit is ook hier waar die mensdom en die diereryk verskillend is, maar die waarheid is dat baie mense nooit verder dink as hul instinktiewe denkpatroon nie. Juis wanneer hulle moet opstaan nadat hulle op hul knieë gedwing is, sê hulle: "ek gaan dit nooit weer probeer nie – kyk net wat het die vorige keer met my gebeur."

> Sukses is jou vermoë om van een
> neerlaag na die volgende te gaan sonder
> om jou entoesiasme te verloor.
>
> – Winston Churchill

Waarom gee mense so maklik op? Is dit dalk omdat daar vandag soveel ander opsies beskikbaar is? Is dit dalk omdat soveel ander ook maar net opgee? Is dit dalk omdat ons glo sukses is veronderstel om maklik te wees?

Sal dit jou van gedagte laat verander as jy die suksesverhale hoor van ander gewone mense wat teruggebons het nadat hulle platgeslaan was? Is dit wat jy nodig het om jou te oortuig jy kan ? Ek moet bieg, dit het 'n baie groot invloed om my lewe gehad om die verhale te hoor van mense wat teruggebons het.

Dink 'n oomblik aan Heyneke Meyer, wat in 2000 as 'n beginner-afrigter die magtige Blou Bul-rugbyspan moes afrig. Hulle neem deel aan die hardste rugbykompetisie – destyds die Super 12 – en verloor elf wedstryde agtereenvolgens. Wat moes hy doen? Moes hy die handdoek ingooi?

> Oorwinning is bedoel vir die een wat kan aanhou.
>
> – Napoleon Bonaparte

Toeskouers het Meyer en die span verkleineer en talle nuwe grappe oor die Blou Bulle het die lig gesien. Ondersteuners het op hom gespoeg en talle het geëis dat hy afgedank moet word. Tot almal se verbasing het die Blou Bulle se bestuur besluit om hom nog 'n kans te gee. Stadig maar seker het dinge begin verander en die spangees en die spelers se karakter het gegroei. Hulle het teruggebons, so hoog dat die Blou Bulle in 2009 beskou is as die beste provinsiale span in die wêreld. Hulle was die span wat almal graag wou klop.

Na 26 jaar in die televisiebedryf het Andrea McCarren iets beleef wat talle mense in hul leeftyd oorkom – sy het haar werk verloor. Maar sy het ook teruggebons.

> Wanneer jy jou werk verloor het jy twee keuses. Jy kan bitter en kwaad wees en jammer voel vir jouself. Of jy kan dankbaar wees vir die werk wat jy gehad het, jou routyd kortknip en aanbeweeg na die volgende hoofstuk van jou lewe. Ek het die tweede opsie gekies en gevind dat die feit dat ek my werk verloor het (wat aaklig gevoel het toe dit gebeur het) my gelei het om dramatiese veranderings aan my leefwyse te maak. Dit het

uiteindelik die grootste geleentheid in my lewe geword en ek het dit met albei hande aangegryp.

– Andrea McCarren

Michele Carbone was in die vinnige laan van die lewe en besig om 'n reusesukses van haar loopbaan te maak toe 'n traumatiese terugslag haar dogter tref. Sy het ernstige breinskade opgedoen en alles in hul lewe het oornag verander. Michele het teruggebons en hier is haar woorde:

> Wanneer jy in jou lewe deur die vuur gaan, word jy óf veras, óf word gelouter en kom so blink soos 'n diamant anderkant uit. Ek wou nie in as opgaan nie. Ten spyte van dramatiese persoonlike en finansiële uitdagings wat ons in die gesig gestaar het, het ek besef die "suksesvolle lewe" wat ek voorheen gehad het, was in werklikheid nie so suksesvol nie.
>
> Ek het 'n duur prys betaal, maar kon dit nie sien nie. Dit het my dogter se ongeluk gekos om ons oë oop te maak sodat ons kon sien hoe oppervlakkig ons geleef het. Dinge wat vroeër vir my belangrik was, het hul betekenis verloor. Dinge soos 'n duur motor, om baie hard te werk, om aan 'n gesondheidklub te behoort, ensovoorts, het vir ons geen waarde meer gehad nie. Ek het die les geleer, maar 'n duur prys daarvoor betaal. En ons het so min tyd op hierdie aarde.

– Michele Carbone

Ek het 'n tyd gelede die storie gelees van die Amerikaanse NFL-afrigters Tom Landry, Chuck Knoll en Bill Walsh. Die drie het gesamentlik nege Super Bowl-oorwinnings behaal in die jare 1974 tot 1989. Hulle het ook 'n interessante rekord gedeel in hul aanloop tot hierdie prestasie. Hulle het die rekord gehou vir die swakste eerste seisoen as NFL-afrigters.

Het hulle na hulle eerste jaar gesê hulle is in die verkeerde beroep, sou hulle nooit die legendes geword het wat hulle is nie. As hulle ná hul eerste neerlaag die handdoek ingegooi het, was dit neusie verby.

> Die grootste sukses is nie om nooit 'n
> neerlaag te ly nie, maar jou vermoë
> om terug te bons ná 'n neerlaag.
>
> – Vince Lombardi

Nadat iemand my in my lewe ingespreek het toe dit in chaos was, het 'n vonk ontstaan wat 'n vuur in my lewe aangesteek het. Die droom om 'n boek te skryf het in my begin groei. Ek is vol entoesiasme huis toe en het dadelik begin skryf . . . en ek het deurgedruk. Ná omtrent 'n jaar se "leer skryf" is ek met my manuskrip onder die arm en 'n gemoed vol geloof en opgewondenheid na die eerste uitgewer, oortuig dat my boek 'n topverkoper gaan wees. 'n Maand later ontvang ek 'n brief deur die pos: *"Dankie dat u ons oorweeg het vir u manuskrip, maar ongelukkig . . ."*

Water op my vuur! Ek was onmiddellik gevul met uiterste teleurstelling en twyfel. Dit was 'n reusagtige terugslag vir my ontluikende loopbaan as skrywer. Byna was dit die einde, want ek het geskrik en seergekry! Ek was bang om weer 'n gevoel van verwerping te ervaar, so ek het my manuskrip maar diep in my kas weggebêre. Stil-stil het ek my in die skaduwees teruggetrek en my wonde gelek. So het my droom om 'n boek te skryf op die rak beland, waar dit stof vergaar het. "Toevallig" – ek glo mos nie in toeval nie – het daar iemand oor my pad gekom en daardie droom onverwags afgestof met die woorde: *"Jannie, waar is daardie boek van jou? Ons as ouers het dit so nodig."*

Ek het weer begin, die hele boek oorgeskryf, my taalgebruik en sinsnedes verander. In hierdie proses het ek besef hoe onvolwasse my eerste poging werklik was. My taalgebruik was swak. My sinskonstruksie was lomp en langdradig en ek was in eintlik dankbaar dat my eerste poging nie aanvaar is nie. Vol entoesiasme en met groot verwagtinge het ek my "nuwe" manuskrip na 'n volgende uitgewer geneem – net om weer 'n soortgelyke brief as die vorige een te ontvang! Dit was amper die uitklophou vir my droom, maar . . .

Ek het begin soek na die antwoord, want ek het geweet daar moet 'n antwoord wees. Ek het 'n boek opgetel en begin lees. Hierdie was 'n topverkoper en alreeds in sy 29ste druk. Die boekie moet iets goeds in hom hê, het ek gedink, en begin lees.

Die boek begin met 'n persoonlike getuienis – die verhaal van die wêreldbekende skrywer en spreker. Hy vertel hoedat hy met die manuskrip onder sy arm by die 23ste uitgewersmaatskappy uitgestap het na nog 'n negatiewe antwoord. Hy vertel hoe hy by die 24ste uitgewery ingestap en weer eens sy storie vertel het. Die man het geluister en toe sê hy: "Kom ons probeer – waarom nie?" Dit was daardie selfde boekie wat ek in my hand gehou het. Dit was toe reeds 'n topverkoper met meer as 10 miljoen eksemplare in meer as twintig tale.

Die oomblik toe ek dit lees het iets in my losgekom. Die saad van hoop het ontkiem en ek het daar en dan geweet: As hy kon, kan ek ook! Ek moet net aanhou. Ek het met nuwe ywer aan die werk gespring, my boek weer oorgeskryf, verbeter, verander en hierdie keer was ek reg. Selfs al sou die volgende uitgewer nie my manuskrip aanvaar nie, het ek geweet ek sou aanhou totdat iemand dit aanvaar. "Toevallig" het die volgende uitgewer die manuskrip met groot entoesiasme aanvaar en 'n nuwe loopbaan het die lig gesien. My eerste boek is eers ses jaar nadat ek daaraan begin skryf het gepubliseer, maar die proses was perfek. Ek moes glo. Ek moes leer. Ek moes grootword. Ek moes deur die skool van die lewe groei totdat ek 'n skrywer kon word. Toe dit werklik moeilik was, het ek net die brandstof van hoop nodig gehad wat ek gekry het uit die getuienis / storie van iemand wat self daardeur moes worstel!

Ek leef al lank genoeg om te weet dat niks vir altyd duur nie en dat mense wat glo dat dinge vir altyd duur, hulleself martel en pynig! Daar is een wet in die lewe wat nooit verander nie en dit is dat alles verander! Die moeilike tye wat jy vandag mag deurmaak is slegs 'n asemteug weg van die plesier en geluk wat jy môre gaan beleef! Daardie plesier en geluk sal net soveel intenser wees as gevolg van die herinneringe wat jy gaan saamdra van die tyd wat jy nou deurgaan. Wees verseker dat verandering deurlopend is . . . net soos God! Wees verseker – hierdie moeilike tyd sal ook verbygaan!

'N RESEP OM TERUG TE BONS

- Soek en aanvaar hulp van mense wat in staat is om jou op te hef, selfs al dink jy dat jy dinge op jou eie kan hanteer. Wanneer jy sterk is, wanneer jy dink jy het niemand se hulp nodig nie, is jy in werklikheid swak en sal jy bly net waar jy is.

  Maar wanneer jy swak is, wanneer jy hulp soek, is jy in werklikheid sterk. Dan is jy optimisties, soekend en gereed vir groei. Daar is wysheid in goeie raad.

- Versorg jouself. Dit is immers 'n baie duidelike opdrag van God: "Jy moet jou naaste liefhê soos jouself" (Matteus 22:39). Wanneer dit nie goed gaan met 'n mens nie, is jy geneig om jou liggaam te verwaarloos. Jy gaan geen toekenning ontvang wanneer die wêreld jou jammer kry omdat jy jouself bejammer en verwaarloos nie. Al wat jy dan is, is bejammerenswaardig. Jy sal ook begin om mense te vermy.

Hoe jammer om te sien hoeveel mense daar is wat floreer op selfbejammering en ander se besorgdheid oor hulle. Wat 'n armsalige manier om mense van hul lewensvreugde te beroof – veral van dié wat vir jou lief is.

- Moet nooit jammer voel vir jouself nie, al voel dit soms jy is alleen en vasgevang in jou smarte en teleurstellings. Wanneer jy jouself begin bejammer, is 'n oplossing die eerste ding wat verdwyn.

- Verstaan dat jou lewe nie oor jou gemak gaan nie, maar dat die kleur en geur van die lewe versteek is in uitdagings – en jou vermoë om hulle te oorkom en te bemeester! Jy mag op 'n plek kom waar jy jou drome moet heroorweeg. Elke droom het beginsels wat dit omvou. Jy kan nie verwag om wêreldkampioen te word in die 100 m-naelloop as jy al 30 jaar oud is en nog geen ervaring agter die blad het nie. Jy kan nie droom om die Springbok-rugbyspan te haal as jy nie oor jare in rugby se ontwikkelingstelsel gevorm is nie. Jy kan nie daarvan oortuig wees dat jy die nodige talent het, maar wanneer die geleentheid hom voordoen (wat heel dikwels net een maal gebeur), is jy nie gereed daarvoor nie. Daar is baie selde 'n tweede kans. As jy nie die eerste geleentheid aangryp en die meeste daarvan maak nie, is dit dalk wys om jou drome te heroorweeg! Wysheid is uiters belangrik in ons lewe.

- Bou jou toekoms en jou geloof op God, want dan is alles moontlik, en wysheid boonop daarby ingesluit.

> Lyding hou op om lyding te wees die oomblik
> dat jy die doel daaragter kan vind.
>
> – Anoniem

Jy het geloof nodig om so na swaarkry of uitdagings te kyk! As jy geloof het, is jy waarskynlik ook vervul met hoop. As jy hoop het, sal jy altyd soek na geleenthede. Aan die ander kant: As jy hoop verloor, word jy hopeloos. As jy hopeloos is, sal jy ook blind wees vir geleenthede en sal niemand jou kan help nie. As jy nie hoop het nie, het jy ook nie geloof nodig nie. En sonder geloof is die lewe niks, betekenisloos en leeg. Dan is die lewe bloot 'n harde werklikheid van oomblik tot oomblik.

Hoop is noodsaaklik om te kan terugbons. Hoop wat gerugsteun word deur geloof, is die perfekte resep om terug te bons. Die egtheid van jou hoop en jou geloof sal blyk uit jou woorde. Want elke woord wat jy sê, voorspel presies wat jy sal kry.

> Of jy glo jy kan, en of jy glo jy
> kan nie – jy is altyd reg.
>
> – Henry Ford

Wanneer jy 'n fout maak of 'n doel mis, wag jy nie tot die volgende dag of die volgende week voor jy dit regmaak nie. Jy maak dit op daardie oomblik reg deur aan te beweeg. Van die grootste legendes het baie foute gemaak, maar nooit toegelaat dat dit hulle keer nie. Die basketbalspeler Michael Jordan kon sewe gooie ná mekaar mis gooi en nooit 'n sekonde huiwer voor sy agtste gooi nie. In sy eie woorde: "Ek het altyd aan myself gesê: Ek weet ek is goed – ek sal aanhou totdat ek die volgende een ingooi."

> Alle kampioene hou hulle by hierdie reël:
> Maak klaar waarmee jy begin het.
>
> – Anoniem

Wat ons van kampioene kan leer, is hoe om aan te hou ná 'n neerlaag. Kampioene, en ook sakemanne en -vroue, het 'n wonderlike vermoë om van hul foute te vergeet en voort te gaan. Leer uit jou foute – laat hulle dan agter en beweeg voort. Bons terug. Soms kan dit selfs beteken dat jy van rigting moet verander maar daar sal steeds van jou vereis word om terug te bons.

DOEN DIT

- Was jy al platgeslaan? Het jy al verloor, is jy al teleurgestel, verneder, uitgelaat of uitgelag?

  ☐ Ja

  ☐ Nee

  ☐ Ek weet nie.

- Wat het jy gedoen toe jy platgeslaan was?

  ☐ Ek het bly lê.

  ☐ Ek het my droom verloor.

  ☐ Ek het opgestaan.

- As iemand jou vandag sou vra om jou verhaal te skryf, wat sal jy skryf? Hoe sal jou verhaal van oorwinning lyk? Watter moeilike dinge moes jy te bowe kom?

  _____

  _____

  _____

  _____

- Dra jy dalk 'n droom in jou wat jy te bang is om selfs te noem omdat jy nie glo jy kan dit bereik nie en dalk bang is ander sal jou uitlag as hulle daarvan te hore moet kom? Wat is daardie droom?

  _____

  _____

  _____

  _____

- Ken jy iemand wat vir jou goeie raad kan gee en van hulp kan wees in die krisis waarin jy dalk nou sit? Indien wel, skryf daardie persoon se naam nou hier neer. Is jy bereid om die persoon om hulp te vra?

☐ Ja

☐ Nee, ek is bang.

- Kyk jy mooi na jouself of skeep jy jouself af? Is jy dalk oorgewig, onversorg, slordig, ongemanierd, agterlosig en onnet, of is jy trots op die moeite wat jy met jouself en jou lewe doen?

☐ Ek is trots en opgewonde oor myself.

☐ Ek versorg myself swak.

- Glo jy werklik in jou droom? Is dit 'n God-geïnspireerde droom, of is dit 'n sinlose, onmoontlike droom soos om soos Superman te vlieg, of om op 40-jarige ouderdom en sonder enige ervaring die wêreldrekord te slaan in die 100 m-naelloop?

☐ Ek glo werklik in my droom.

☐ My droom is sinloos en onmoontlik.

- Wat gaan dit neem om jou droom te kelder, of kan niks jou keer om jou droom te verwesenlik nie?

☐ Ek weet nie.

☐ 'n Afrigter of onderwyser wat nie van my hou nie.

☐ Iemand wat my verneder.

☐ 'n Neerlaag of mislukking.

☐ 'n Besering.

☐ Moeilike omstandighede by my huis.

☐ Niks sal my ooit van my droom beroof nie.

WOORDE VAN WYSHEID

Af dit louter vreugde, my broeders, wanneer julle in allerhande versoekinge val, omdat julle weet dat die beproewing van julle geloof lydsaamheid bewerk.

Maar die lydsaamheid moet tot volle verwerkliking kom, sodat julle volmaak en sonder gebrek kan wees en in niks kortkom nie.

– Jakobus 1:2-4 (1953-vertaling)

Gee nooit op nie!

Gee nooit op nie!

Gee nooit op nie!

– Winston Churchill

Daar is geen ware sukses sonder terugslae nie. Hoe meer terugslae jy hanteer, hoe meer leer jy, en hoe nader kom jy aan jou toekoms.

– Anthony Robbins

WEES JY DIE EEN

Wees jy die een wie ander graag wil wen. Wees jy die een oor wie ander praat en op wie hulle fokus. Wees 'n bedreiging vir enige ander mededinger.

Dit is wat met kampioene gebeur, en jy moet smag daarna en dit geniet dat ander jou as 'n bedreiging beskou. Sommige mense mag dit beskryf as arrogant, maar is dit werklik arrogansie? Jy kan dit noem net wat jy wil. Ek noem dit 'n uitnemende verteenwoordiger, of liewer 'n meedoënlose verteenwoordiger van ons uitsonderlike God. Hy wat my die talent en vermoë gegee het om te doen wat ek doen. Wanneer ek uitnemend is en ander hulself meet aan die standaard wat ek vir myself stel, voel ek geëerd, dankbaar, nederig en opgewonde, want dan beteken dit ek doen dinge goed.

Baie mense is so bang vir wat ander mense oor hulle sal sê dat dit hulle verhoed om meedoënlose verteenwoordigers te word. Hulle dink verkeerdelik dat wanneer ander oor hulle praat, hulle die fokus word! Ja, dit is arrogansie om te glo dat alles oor jou gaan. Dit gaan nooit oor jou nie. Dit gaan altyd oor die Gees van God in jou. Ons bestaan immers vir God en nie Hy vir ons nie.

> Jy kan nooit iemand se Gees oorwin nie – die Gees is vir altyd. Ons behaal soms tydelike oorwinnings oor die vlees. En jy, wat as 'n geregverdigde voor God kan staan, sal altyd wen.
>
> – Jannie Putter

Baie mense is so besorg oor ander se opinie van hulle dat hulle vergeet wat werklik saak maak, is wat God van jou dink. As gevolg van hierdie wêreldse vrees is daar talle potensiële kampioene en sterre wat nooit bereik waarvoor hulle in die wieg gelê is nie, want die druk raak vir hulle net te veel. Stel jou voor hoe jy jou unieke talente kan uitleef en geniet in die hitte van elke dag se stryd – soos Daniël se vriende Sadrag, Mesag en Abednego vry in die vuur kon rondloop nadat koning Nebukadnesar hulle in die brandende oond laat gooi het oor hul "verwaandheid" om standpunt in te neem vir hul God en hul geloof. Wat 'n voorreg om in die vuur te beland omdat jy 'n uitnemende verteenwoordiger van die Here is. Jy moet jou voorreg geniet om "vry in die vuur" te leef. Jy moet daarna smag en dit moet jou motiveer en inspireer.

Dit beteken geensins dat jy arrogant moet wees nie. Arrogante mense kry dit ook reg dat ander hulle graag wil wen, maar dit is 'n duiwelsgeïnspïreerde arrogansie. Dit bring die slegste, die venynigste in ander na vore. In so 'n situasie is verkleinering, grootpratery en minderwaardigheid aan die orde van die dag en dit laat almal met 'n slegte smaak in die mond. Om 'n meedoënlose verteenwoordiger en kompeteerder te wees beteken geensins dat jy 'n arrogante mens moet wees nie. 'n Kompetisie waaraan jy as god se verteenwoordiger deelneem, moet uitloop op wedersydse respek, nederigheid, dankbaarheid en uitnemendheid. Dit moet die beste in mense na vore bring.

Om dié een te wees gaan daaroor dat jy so uitnemend is dat dit vir enige ander atleet 'n groot oorwinning sal wees as hy of sy daarin slaag om jou te klop. Ouderdom het niks hiermee te doen nie. Selfs wanneer jy oud is sal jong mense trots voel en dit as 'n belangrike oorwinning beskou as hulle jou 'n slag kan wen op die telbord. Dit is 'n nederige, dog meedoënlose lewenswyse waar jy alles uitstekend en tot die beste van jou vermoë doen. Dit verg 'n 100 persent poging elke keer. Dan sal daar trots wees in jou pogings, fokus en passie. Dit is die gees waarin jy alles sal aanpak.

Dalk is dit wat mense beskryf as sportmanskap? Dit gaan nie net oor goeie maniere nie. Dit gaan oor die gehalte van jou karakter en die nederigheid waarmee jy jou talente in kompetisie kan dra. Dit gaan oor die uitnemendheid van jou benadering, jou waardering vir elke poging en jou toewyding in elke taak. Maak seker dat jy altyd net jou heel beste gee. Mag jy nooit terugkyk en sê: Ek kon beter gedoen het nie. Maak seker dat jy ander respekteer, selfs al het hulle nie die talent wat jy het nie. Maak seker dat ander na jou kyk en dat hulle belangrik kan voel omdat jy hulle waardig ag om aan hulle jou heel beste poging te gee.

As jy hierdie gesindheid en gees openbaar sal jy die een wees, glo my. Want in nou lê oorwinning! Ander sal hulself meet aan die mate van aandag en moeite wat jy aan hulle bestee. As hulle dit regkry om jou manier van dink op enige manier te beïnvloed, is dit vir hulle 'n oorwinning. Hierdie karaktereienskap onderskei die beste van die tweede beste. Die tweede beste fokus altyd op die beste, terwyl die beste fokus op die taak wat voltooi moet word. As jy 'n teenstander moet manipuleer, intimideer of verswak sodat jy hom kan wen, beteken dit bloot dat jy die tweede beste is. Daardie persoon is die beste – maak nie saak of jy selfs daarin kan slaag om die oorwinning (op die telbord) oor hom te behaal nie.

Daarom hierdie uitdaging: Word die een. Word die een wat ander graag wil wen, wie ander graag wil intimideer en wie ander graag wil probeer manipuleer, want dan beteken dit jy is 'n bedreiging vir hulle. Die een wat vir die ander 'n bedreiging is (in 'n goeie sin), is gewoonlik ook die kampioen. Jy hoef ook nie arrogant te wees om die bedreiging te wees nie. Die uitdaging is juis om 'n nederige bedreiging te wees. Dit gaan nie oor uiterlike krag, spiere, of vertoon nie – alles gaan oor wat jy binne jou dra.

DOEN DIT

- Ervaar jy dat ander graag teen jou wil deelneem omdat dit vir hulle 'n groot oorwinning sal wees as hulle jou kan wen, of wil ander nie regtig teen jou meeding nie?

  ☐ Ek weet ander wil graag teen my deelneem, want dit is vir hulle lekker en dit is vir hulle 'n groot oorwinning as hulle my kan wen.

  ☐ Ek weet nie – ek het nog nie daaraan gedink nie.

- Praat teenstanders en ander mense met respek en agting van jou, of met minagting en negatiwiteit?

  ☐ Ek weet ek is 'n waardige teenstander.

  ☐ Ek voel dikwels skaam oor my optrede.

- Is jy iemand wat nooit tou opgooi nie, wat sal aanhou en aanhou, of gooi jy maklik tou op?

  ☐ Jy sal my nooit kry dat ek tou opgooi nie.

  ☐ Ek gooi dikwels tou op.

- Wanneer jy teen ander deelneem en jy wen, maak jy hulle naam sleg en verneder jy hulle soms?

  ☐ Ek sal nooit iemand verneder nie.

  ☐ Oeps, ek is skuldig.

- Wanneer 'n teenstander besig is om jou te wen, verloor jy jou humeur, vloek jy op jouself en weier jy om aan jou teenstander erkenning te gee vir sy poging, of is jy te alle tyd in beheer van jou emosies?

  ☐ Ek is altyd in beheer van my emosies.

  ☐ Ek verloor dikwels beheer.

- Het jy respek vir ander of gaan alles net oor jou?

    ☐ Ek respekteer ander en ek is 'n waardige teenstander.

    ☐ Waarom moet ek my teenstander respekteer?

- Is jy iemand wat die beste uit ander haal of haal jy die lelike en die slegte uit ander?

    ☐ Ek haal die beste uit ander.

    ☐ Ander voel dikwels ongemaklik en verneder in my teenwoordigheid.

WOORDE VAN WYSHEID

Welgeluksalig (geseënd, gelukkig en ander is jaloers op jou) is die man wat die Here vrees, wat 'n groot welbehae in Sy gebooie het.

Sy nageslag sal geweldig wees op aarde, die geslag van die opregtes sal geseën word.

Oorvloed en rykdom is in sy huis en sy geregtigheid bestaan vir ewig.

— Psalm 112:1-3 (1953-vertaling)

Deurgrond my, o God, en ken my hart; toets my en ken my gedagtes; en kyk of daar by my 'n weg is van smart, en lei my op die ewige weg!

— Psalm 139:23-24 (1953-vertaling)

Elke wapen wat teen jou gesmee word, sal niks uitrig nie; en elke tong wat teen jou opstaan in die gereg, sal jy weerlê. Dit is die erfdeel van die knegte van die Here en hulle geregtigheid wat uit My is, spreek die Here.

— Jesaja 54:17 (1953-vertaling)

Hoofstuk 16

GEE DIE DOODSKOOT

Vince Lombardi, 'n legendariese afrigter in Amerikaanse voetbal, het die volgende gesê:

> Daar is net vyf of ses groot oomblikke in elke wedstryd en jy moet hulle gebruik om te kan wen. In 'n oomblik van druk is dit van uiterste belang dat jy daardie oomblik gebruik!
>
> – Vince Lombardi

Dit beteken jy moet 'n intense bewustheid ontwikkel van die moontlikheid dat so 'n oomblik sal opduik. Wanneer daardie oomblik gebeur moet jy die sneller trek en die doodskoot gee. In tennis het hulle so ver gegaan om die waarskynlike tydstip wanneer so 'n oomblik sal opduik te identifiseer. Dit is gewoonlik in die vyfde of sewende pot van 'n stel. Nie altyd nie, maar hoogs waarskynlik.

> Weet julle nie dat die wat op die baan hardloop, wel almal hardloop, maar dat een die prys ontvang nie? Hardloop só dat julle dit sekerlik kan behaal.
>
> – 1 Korintiërs 9:24

In gholf duik so 'n oomblik op in die druksituasie wanneer jy 'n "spelbreker"-besluit moet neem: Gaan jy vir die setperk in twee houe en neem jy die risiko om die bal in die water te slaan, of speel jy kort? Sulke oomblikke is gewoonlik die oomblikke wat 'n kompetisie maak of breek.

As jy soos 'n kampioen dink, beteken dit jy is in staat om so 'n oomblik raak te sien en die belangrikheid daarvan te besef. Jy sal die oomblik met alle mag aangryp en die sneller trek vir die doodskoot. Jy moet die sneller trek, maar dit moet jy weet: Dit is nie altyd 'n doodskoot nie.

Dit is belangrik om te weet. Jy verdien die reg om 'n doodskoot te skiet. Dit is nie iets wat gebeur net omdat jy deelneem nie. Jy moet geduldig wees en werk om daardie oomblikke te skep. 'n Onervare mens skiet wild en wakker. 'n Wyse mens werk hard vir die oomblik en skiet met sekerheid wanneer die oomblik opduik. Dit is amper soos om vis te vang wanneer jy 'n groot vis uittrek met 'n gemiddelde sterkte lyn. Jy moet die vis "speel" en op die regte tyd inbring na jou net.

Soms skiet jy heeltemal mis, maar ten minste het jy geskiet. Neem die besluit en aanvaar die gevolge, goed of sleg. Baie belangrik: Vertrou jouself. As jy die besluit geneem het, staan daarby. Geniet dit! Of jy raak skiet en mis, jy skiet ten minste. Die oorgrote meerderheid van die samelewing is te bang hulle skiet mis en kry nooit die sneller getrek nie. Jy kan net ervaring opdoen as jy bereid is om te skiet.

As jy jouself vertrou, beteken dit jy sal deurswaai of opvolg met alles wat jy het. Om 'n doodskoot te skiet beteken dat jy alles moet insit. Twyfel veroorsaak dat 'n mens nie deurswaai nie; jy is onseker en jy hou terug. Twyfel is dodelik en die teenoorgestelde van selfvertroue. Jy moet 100 persent toegewyd wees as jy die doodskoot wil gee. Hoe meer ervaring jy het, hoe makliker is dit om so besluit te neem, want dit is wat ware kampioene doen. As 'n nuweling is dit waar jou vermoë om soos 'n kampioen te dink getoets sal word. Gaan jy terugstaan en veilig speel (dus nie 'n fout maak nie)? Of gaan jy 'n doodskoot waag

– totdat jy uiteindelik ook 'n meester is om doodskote te skiet?

As jy bang is om 'n fout te maak sal jy sukkel om die oomblik raak te sien waarin jy die doodskoot moet gee. Daardie oomblikke sal by jou verbygaan en jy sal altyd hard moet veg. Ja, jy kan dalk suksesvol wees, maar dit sal nie werklik pret wees nie. Dit sal elke keer 'n stryd wees om te wen.

> As jy kon gewen het, moes jy.
>
> – Vince Lombardi

Aan die ander kant: As jy daardie oomblikke wel begin raaksien, leer om hulle te benut. Word 'n meester daarin om die doodskoot te gee, want dan word die res van die kompetisie pret. Dit is heerlik, want jy kan dadelik aanvoel hoe die momentum omswaai. Dit is in daardie oomblikke dat die geluk na jou kant toe draai en jou teenstander ervaar dat alles vir hom skeefloop. Jou selfvertroue skiet die hoogte in en alles werk vir jou omdat jy daardie oomblik aangegryp en die sneller suksesvol getrek het. Om nie daardie oomblikke te gryp en te gebruik nie, is amper soos om 'n sethou vir 'n arend in gholf 'n meter kort te slaan. Die bal het nooit enige kans om in die putjie te val nie. Jy moet jouself 'n kans gee. Maak liewer die fout verby die putjie as kort daarvan.

As jy soos 'n kampioen dink, wil jy daardie oomblikke raaksien en aangryp. Jy wil die bul by die horings pak en neergooi, oftewel die doodskoot gee. Uiteindelik sal jy bekend raak vir jou vermoë om die doodskoot te gee, want jy sal weet wanneer, en jy sal weet hoe. Jy sal weet in daardie oomblikke moet jy net so 'n bietjie meer energie insit as die vorige oomblik. Dit is in daardie oomblikke dat jy besluit om weg te breek van die groep, wanneer jy besluit om die vinnige tikskoppie te neem, wanneer jy besluit om vir die setperk te gaan, wanneer jy daardie spelbreker-doodvat maak, wanneer jy die bal onderskep en wanneer jy daardie groot afslaan afstuur. Dit is in daardie oomblik wat jy iets onverwags doen, dat jy met alles wat jy het by die vuuroond instap en vry in die vuur begin rondloop.

Hierdie is die beslissende oomblikke in wedstryde, in kompetisies en in die lewe. Dit is in sulke oomblikke wat geskiedenis gemaak word. Jy moet in staat wees om die doodskoot te gee! Dink vir 'n oomblik terug aan die eindstryd van die rugbywêreldbekertoernooi in 1995. Dit is die doodsnikke van die wedstryd. Die gasheerland, Suid-Afrika, speel teen die wêreldkampioene, Nieu-Seeland. Die spanne is gelyk en die eerste span wat nou punte aanteken, gaan wegstap met die louere. Meer druk kan jy jou nie voorstel nie! Miljoene mense se oë is vasgenael op die gebeure. 'n Losgemaal ontstaan en die bal kom uit aan die kant van die Springbokke. Joel Stransky, die Springbokke se losskakel, staan terug. Koel en berekenend vang hy die bal en sonder om 'n oomblik te huiwer, sit hy 'n reuseskepskop hoog deur die pale. Hy het dit nie eens oorweeg om die bal uit te gee en so seker te maak dat hy nie die een is wat 'n fout maak nie. Hy het net een gedagte gehad: Om die teenstanders die doodskoot te gee. Dit is die perfekte voorbeeld van hoe iemand lyk wat soos 'n kampioen dink. Dis geskiedenis op sy beste! Onthou, die kans was ook daar dat die skop mis kon gewees het.

Jou vaardigheidsvlak gaan beslis jou vermoë om hierdie oomblikke raak te sien en te gebruik, beïnvloed. Dit is nie oomblikke waarin jy jou besluit om op te tree op geluk grond nie. Glad nie. Dit is oomblikke waar jy jou aksies grond op 'n berekende risiko met die wete dat jy oor die vermoë beskik en dat jy jou besluit kan rugsteun met die nodige vaardighede.

Werk hierdie oomblikke altyd? Nee, glad nie. Dit is waarom dit 'n berekende risiko genoem word. Risiko beteken immers dat die moontlikheid van beide sukses en mislukking bestaan. Risiko stop die gemiddelde mens in sy spore. Dit maak hom blind vir die oomblik en die oomblik gaan verby. 'n Kampioen floreer op risiko's, want dit bied aan hom die geleenthede om uit te styg. Dit is die oomblik waar hy die bul by die horings pak. Soms gooi daardie bul hom dat hy doer trek, maar hoe meer kere hy die bul pak, hoe beter raak hy en hoe meer sal hy uiteindelik daardie bul kan platgooi. Onthou – jy verdien die reg (konstante werk en geduld) om 'n doodskoot te skiet.

Iemand wat soos 'n kampioen dink sien hierdie oomblikke raak en gryp hulle aan. Jy gaan nie altyd suksesvol wees nie, maar hoe meer kere jy daardie oomblikke aangryp, hoe meer dikwels duik hulle vir jou op. Dit is dan wanneer ander na jou kyk en sê: "Jy was gelukkig." Daar is nie 'n ding soos geluk nie! Jy skep jou eie geluk deur dit vir jou toe te eien die oomblik wanneer dit voor jou opdoem. Hierdie baie bekende woorde van 'n ware kampioen en lewende legende onderskryf juis dit:

> Hoe harder ek oefen, hoe meer
> draai geluk na my kant toe.
>
> – Gary Player

DOEN DIT

- Weet jy wat dit beteken om die oomblik te kan raaksien wanneer jy die doodskoot moet gee, of is dit nog 'n vreemde gedagte vir jou?

  ☐ Ek weet presies waarvan jy praat.

  ☐ Ek is nog onseker hieroor.

- As jy nog nie die oomblik kan raaksien nie, beteken dit bloot jy kort nog ervaring en moet nog foute maak. Is jy bereid om dit te doen sodat jy daardie doodskoot-oomblikke kan ervaar?

  ☐ Ja, ek is.

- Is jy bereid om die sneller te trek en die doodskoot te gee, of is jy onseker en bang dat jy dalk kan mis skiet?

  ☐ Ek sien uit om die sneller te trek.

  ☐ Ek was bang, maar dis verby! Ek weet ek gaan soms tref en soms nie.

  ☐ Ek is nog bang en onseker en weet nie hoe nie! Ek wil leer hoe.

- Hoe voel jy as jy daaraan dink dat jy daardie oomblikke gaan begin raaksien en sonder huiwering die sneller gaan trek?

  ☐ Baie opgewonde.

  ☐ Huiwerig en onseker.

  ☐ Ek dink ek kan nie.

- Was jy dalk tot vandag toe nogal 'n konserwatiewe mens wat dikwels jou kanse om die sneller te trek gemis het? Weet jy dat jy van vandag af meer bewus gaan wees van daardie geleenthede en dat jy meer en meer die sneller gaan trek?

  ☐ Jy het dit pas gesê en ek is so lus daarvoor!

  ☐ Ek weet darem nie.

- Dink jy jou lewe gaan meer avontuurlik wees as jy so 'n benadering volg, of dink jy jy gaan meer kere misluk?

  ☐ Meer avontuurlik, vir seker. (Jy dink klaar soos 'n kampioen.)

  ☐ Meer kere misluk. (Jy dink ongelukkig soos 'n verloorder.)

WOORDE VAN WYSHEID

Jy loop 100 persent van die geleenthede mis wat jy nie aangryp nie.

— Wayne Gretzky

Om te waag om jou standvastigheid 'n oomblik lank te verloor, is om te waag dat jy nie jouself verloor nie.

— Soren Kierkegaard

Ek probeer altyd doen wat ek nog nie kan doen nie, sodat ek kan leer hoe om dit te doen.

— Pablo Picasso

Sonder geloof is dit onmoontlik om God tevrede te stel.

— Hebreërs 11:6

Waarom waag jy nie 'n kans nie? Dis waar die beloning lê.

— Frank Scully

Om 'n kans te waag het altyd mislukking as 'n moontlike uitkoms, anders sou dit mos 'n sekerheid gewees het. En waar is die avontuur of die adrenalien daarin?

— Jannie Putter

ASOF . . .

Jou liggaam praat 'n onsigbare taal. Ons het al almal gehoor van die aura – die emosionele indruk wat 'n persoon maak. Ja, jou liggaam praat en nie net met jou nie, maar ook met die mense om jou – jou teenstanders, jou vriende, en onbekendes.

Iemand het eenmaal gesê: Gee voor, totdat jy slaag. Om voor te gee beteken dat jy anders optree as wat jy op daardie oomblik voel of dink.

WAAROM DAN?

Iemand wat soos 'n kampioen dink, kan beter en langer bly voorgee as die deursneemens. Dit het te doen met jou toekomsverwagting. Resultate – die verlede, die feite van die oomblik – beïnvloed jou liggaamshouding, jou denkwyse, jou verwagtings, jou geloof, jou opinie, jou pogings, jou momentum . . . alles!

Iemand wat koelkop is, het die vermoë om altyd te wen. As hy nie die wedstryd of wedloop wen nie, wen hy aan ervaring. Maar wen sal hy altyd wen.

> Dinge draai die beste uit vir mense wat die
> beste kan maak van hoe dinge uitdraai.
>
> – Art Linkletter

Hoe sal jy optree as jy altyd wen? Sal jy jouself kritiseer en negatief praat met jouself? Sal jou skouers hang? Sal jy frons en kwaad wees vir jouself? Sal jou oë hulle vonkel verloor en dof word? Sal jy jou humeur verloor? Onmoontlik.

> Wees veral versigtig met wat in jou hart omgaan, want dit bepaal jou hele lewe.
>
> — Spreuke 4:23

Wanneer 'n mens wen, praat jy altyd positief met jouself. Jy stap regop, jy glimlag gewoonlik en daar is heel waarskynlik 'n vonkel in jou oog. Ja, jou liggaam reageer presies soos die boodskap wat hy van jou brein ontvang. Dit is waarom dit so belangrik is om jou denke te beskerm. Jy moet jou hart (denke) beskerm, want daaruit kom dit wat jy doen met jou lewe!

Die beste manier waarop 'n mens jou hart (denke) beskerm, is deur doelbewus elke woord wat oor jou lippe kom met wysheid te kies. Tweede in die ry is wat jy jou liggaam vertel om te doen – hoe jy reageer. Net as jy geloof het, kan jy anders optree as wat jy voel. Daar is duisende mense wat wel voorgee, maar al rugsteun wat hulle het, is hulle eie vermoëns. Sodra die druk te veel raak, verdwyn hulle soos mis voor die son. Dit is baie maklik om voor te gee as daar geen druk is nie – enige dwaas kan dit doen. Om voor te gee wanneer die druk daar is, het jy iets anders nodig as net jou eie vermoë. Jy het iets nodig wat meer solied is as 'n blote rookskerm. Jy het iets nodig wat groter is as net geloof in jouself . . . Jy het geloof nodig in God! Hierdie geloof is die voorvereiste om werklik te kan optree asof jy die beste is en dit uiteindelik waar te bewys. Wanneer jy ware geloof het, maak die feite nie saak nie. Om soos 'n kampioen te dink, het nie net met die onmiddellike oomblik te doen nie – dit het ook alles te doen met wat jy hoop en glo oor die toekoms!

. . . die regverdige sal uit die geloof lewe.

– Galasiërs 3:11 (1953-vertaling)

En Jesus sê vir hom: Wat dit betref – as jy kan glo, alle dinge is moontlik vir die een wat glo.

– Markus 9:23 (1953-vertaling)

Geloof bring sekerheid. Jy kan slegs anders optree as wat jy op daardie oomblik voel as jy sekerheid het oor die toekoms. Sekerheid oor die toekoms beteken dat jy baie seker weet dat wie jy is nie bepaal word deur die telling op die telbord nie, maar wie jy is in die oë van jou Skepper (en jouself). Ware geloof is nodig. Ware geloof is " 'n vaste vertroue op die dinge wat ons hoop, 'n bewys van die dinge wat ons nie sien nie" (Hebreërs 11:1 – 1953-vertaling).

Hoe verduidelik 'n mens geloof sodat iemand anders dit verstaan? Hoe verduidelik ek hoe die appel wat ek pas geëet het, geproe het sodat jy presies kan weet hoe dit geproe het? Dit is immers onmoontlik. Jy dink dalk jy weet hoe dit proe, gegrond op jou eie vorige ervarings, maar hierdie een? Onmoontlik. Daar is net een manier hoe jy kan weet hoe hierdie appel proe en dit is om self 'n happie hiervan te neem. Die enigste manier hoe jy geloof kan verstaan is om dit self te hê.

Daar is basies vier tipe mense in hierdie lewe:

1. Dié wat glo in Jesus Christus en Hom aanvaar het as hul God en Saligmaker.

2. Dié wat glad nie eens weet van Jesus Christus nie.

3. Dié wat al van Hom gehoor het, maar verder niks weet en ook niks doen om meer te weet omdat hulle dink hulle het dit nie werklik nodig nie.

4. Dié wat weet wie Hy is, maar om verskeie redes – teleurstelling in die kerk, kerkmense, tradisies –

bewustelik besluit het om Hom nie te volg nie, en probeer bewys dat hulle sonder Hom kan lewe.

Daarop sê Jesus vir hom: "Dit verseker Ek jou:
As iemand nie opnuut gebore word nie, kan
hy die koninkryk van God nie sien nie."

– Johannes 3:3

Hierdie hoofstuk kan 'n tameletjie wees om te verstaan as jy onder een van die laaste drie tipe mense val . . . behalwe as jy so ernstig is om 'n ware kampioen te word dat jy nou kan sê: Waarom nie? Hoe vind ek vir Jesus? Onthou, wat jy ook al glo, sal jy waar bewys. Selfs al glo jy dat jy nie glo nie en dat daar nie 'n God is nie, sal jy dit waar bewys.

SOOS WAT JY GLO – SO IS JY

As jy glo dat jy verloor, dan verloor jy. As jy glo jy is 'n mislukking, dan is jy. As jy glo jy is arm, dan is jy. As jy glo jy is verneder, dan is jy. Wat jy ook al glo, jy sal dit waar bewys. Alles begin met wat jy glo, met hoe jy jouself en die lewe beskou. Dalk moet jy jouself vra: Wat wen ek as ek besluit om nie te glo in die krag en opstanding van Jesus Christus nie?

'n Ander vraag wat jy jouself kan vra, is: Wat kan ek verloor deur nie te glo in die krag en opstanding van Jesus Christus nie?

Uiteindelik maak dit nie saak hoe jy daarna kyk nie, want jy sal altyd by dieselfde antwoord eindig. En dalk verras jy jouself – soos ek verras is. En ek is nie een oomblik in my lewe spyt oor my keuse nie. My lewe het verander in 'n konstante avontuur van opwinding in my geloof!

DOEN DIT

- Watter aura dra jy om jou?

  ☐ Dié van 'n ware kampioen (ander voel positief in my teenwoordigheid).

  ☐ Dié van 'n verloorder (minderwaardigheid).

  ☐ Dié van arrogansie (verwaandheid).

  ☐ Dié van 'n skelm (onderduimsheid).

  ☐ Dié van venyn (kwaadgesindheid).

  ☐ Dié van geïntimideerdheid (onsekerheid).

- Soos jy jouself sien, so sal jy optree. Hoe tree jy op? Hoe is jy?

  ☐ Selfversekerd en dankbaar ('n ware kampioen).

  ☐ Arrogant (onseker).

  ☐ Liggeraak (minderwaardig).

  ☐ Gemaak nederig (vroom).

  ☐ Sarkasties (wreed).

  ☐ Venynig (skuldig).

  ☐ Selfsugtig (kleinsielig).

- Is jy dalk jou eie grootste vyand?

  ☐ Ja, ek is.

  ☐ Ek was.

  ☐ Nee, ek is vry.

- Glo jy dat God jou regtig liefhet, of glo jy dat jy nie Sy liefde verdien nie?

  ☐ Ek weet God het my baie, baie lief!

  ☐ Ek weet nie dat God my liefhet nie.

  ☐ Ek verdien nie God se liefde nie.

- Weet jy oortuig daarvan dat alles tot jou voordeel sal uitwerk omdat jy God se Woord glo en omdat jy Hom liefhet?

  ☐ Ja, ek weet dit verseker!

  ☐ Dit voel regtig nie so nie.

  ☐ Ek het nog nooit daaraan gedink nie.

- Watter een van die volgende stellings beskryf jou oortuiging die beste?

  ☐ Ek glo in Jesus Christus. Hy is my God en Saligmaker!

  ☐ Ek weet nie van Jesus Christus nie, maar ek wil!

  ☐ Ek het al soveel van Hom gehoor, maar dis 'n klomp bog. Wie het Hom nodig?

  ☐ Christenskap? Dis 'n klomp bedrieërs en skelms! Die kerk is dood en ek sal my eie saligheid uitwerk. Ek doen my eie ding.

- Wat kan jy wen as jy besluit om in God en Sy Woord te glo?

  ☐ Die ewige lewe en 'n vrede wat alle verstand te bowe gaan.

  ☐ Ek het nog nie daaraan gedink nie, want al waaraan ek dink, is wat ek sal moet prysgee.

WOORDE VAN WYSHEID

Die naakte waarheid is altyd beter as die besgeklede leuen.

— Anne Landers

Klas en styl is 'n aura van sekerheid wat jy kry sonder verwaandheid daarby. Klas het niks te doen met geld nie. Klas word nooit bedreig nie. Dit is selfdissipline en selfkennis. Jy kry dit wanneer jy die sekerheid ontwikkel het dat jy die uitdagings van die lewe kan oorkom.

— Ann Landers

VERSTADIG JOU PAS

at gebeur wanneer ons gemotiveerd, entoesiasties en opgewonde is? Wat gebeur wanneer daar druk is? Ons liggaam se natuurlike reaksie is om hom gereed te maak om te veg of vlug. Wanneer dit gebeur, trek 'n mens se spiere onwillekeurig saam en jou hele liggaam verhard, gereed vir aksie. Al hierdie fisieke reaksies werk negatief in op beheersde en gekoördineerde aksies, veral fyn motoriese vaardighede. Dit beteken dat 'n mens se vermoë om soos 'n kampioen te dink, ondermyn word. Ons instink en reaksies is gefokus op oorlewing (veg of vlug). Oorlewing vereis egter nie altyd oorwinning nie! Oorwinning vereis meestal 'n hoër vlak van funksionering as bloot die natuurlike of die fisieke. Dit vereis iemand wat soos 'n kampioen dink. Dit veronderstel intelligensie, begrip en wysheid. So dikwels lei 'n wêreldse, fisieke oorwinning uiteindelik tot 'n neerlaag.

Die volgende, hoër vlak van funksionering as die natuurlike is die verstandelike. Dit is waar die mens hom onderskei van die dier – of veronderstel is om dit te kan doen. Dit is waar die meeste sportlui hoop hulle kan funksioneer om antwoorde te vind, metodes te ontwikkel en tegnieke te bemeester om die liggaam onder algehele beheer te bring van die brein, oftewel die denke.

Die finale of hoogste vlak van funksionering is die geestelike vlak. Die geestelike vlak is baie meer as om net soos 'n kampioen te dink. Die geestelike vlak impliseer gesag in enige situasie waarin ons onsself mag bevind.

Gesag het nie fisieke oorwinning nodig om te bestaan nie. Gesag kan figureer in die mees traumatiese situasies van fisieke neerlaag, onder die mees vernietigende emosionele of verstandelike aanvalle en te midde van die grootste wêreldse uitdagings wat ons kan teëkom. Gesag is geestelik en die natuurlike kan dit nie verander nie. Goed, as jy geen geestelike gesag het nie, is die natuurlike, die fisieke, waarskynlik die hoogste gesag in jou lewe en beheer dit ook jou optrede – soos in die geval van diere.

> Mag jy nooit toelaat dat jou vrees om 'n fout
> te maak jou beroof van die opwinding wat
> 'n oomblik se risiko jou bied nie – van die
> moontlikheid van sukses of mislukking nie.
> Sukses beteken min as daar geen risiko was
> nie. Dit is die risiko en jou bereidwilligheid om
> dit aan te durf wat kleur verleen aan jou lewe.
>
> – Jannie Putter

Om koelkop te wees veronderstel 'n sekerheid, 'n geloofsvertroue dat jy in staat is om enige situasie te kan hanteer en te bemeester ongeag die fisieke vereistes wat daarmee gepaard gaan. Wanneer jy weet dat jy 'n situasie sal kan baasraak, gaan jou liggaam in 'n voorbereidingsfase in waar hy homself gereed maak vir aksie. Adrenalien sal begin pomp en jou senuweestelsel sal die nodige senuweebaan, wat deur korrekte voorbereiding gekondisioneer is, begin aktiveer. In plaas van die "normale" vreesagtigheid en onsekerheid wat die meeste mense ervaar voordat hulle 'n uitdaging of kompetisie in die gesig staar, sal iemand wat soos 'n kampioen dink hierdie voorbereidingsfase eerder ervaar as 'n gevoel van opwinding en afwagting.

Jy wat koelkop is, weet dat wat ook al gebeur, daar net een ding vir jou is om te doen. Doen wat jy voorberei het om te doen na die beste van jou vermoë. Maak die beste besluite wat jy op daardie oomblik kan maak en leef met die gevolge daarvan saam. Hierdie gevolge het altyd 'n element van oorwinning – óf jy wen die kompetisie óf jy wen ervaring, maar wen sal jy!

Het 'n mens beheer oor resultate? Geensins. Dit geld natuurlik net vir 'n kompetisie of sport waarvan die inherente karakter eerlikheid en regverdigheid is. Al waaroor 'n mens beheer het, is jou eie inset of poging. As ons beheer het oor die resultate of die uitslag, verdwyn die element van kompetisie heeltemal en waarvoor sou 'n mens dan wil deelneem? Indien 'n mens seker was van resultate sou die opwinding en die karakter van sport of kompetisie verdwyn. Net 'n dwaas sal daarvoor hoop – om seker te wees van die uitslag voordat hy of sy begin. Dit is omdat ons onsself wil meet teen die pogings of talente van ander in dieselfde taak (sport) dat ons daardie gevoel van opwinding ervaar. Dit is juis omdat ons nooit seker kan wees van die uitslag nie dat ons dit so graag wil bemeester. Die aanloklikheid en aantreklikheid van kompetisie en sport lê juis in die onsekerheid van die uitslag.

Dit is dwaas om jou te bekommer oor die resultate, want dan neem jou instink oor en kry jou liggaam die beheer of gesag. Dit is die laagste vlak van gesag, dié waarop die diereryk funksioneer. Dit keer dat jy na óf verstandelike beheer (die middelste vlak van gesag), óf geestelike beheer (superieure vlak van gesag) vorder. Om koelkop te wees verseker nie dat jy altyd met 'n oorwinning op die telbord gaan wegstap nie – ver daarvan. Om koelkop te wees beteken dat jy 'n baie duidelike begrip het van jou huidige vlak van vaardigheid (hoe goed jy werklik is), jou potensiële vlak van vaardigheid (waartoe jy in staat is met goeie afrigting, ervaring en oefening) en die huidige verskil tussen die twee.

Die grootste tragedie in die lewe is gewis
nie die dood nie, maar iemand ('n lewe)
wat nie sy potensiaal verwesenlik nie.

– Dr. Myles Munroe

Ware oorwinning (persoonlike genot en opwinding) is wat 'n mens ervaar wanneer jou huidige vlak van vaardigheid nader beweeg na jou potensiële vlak van vaardigheid. As jou huidige vlak van vaardigheid op die dag goed genoeg is, sal jy uiteindelik ook op die telbord begin wen!

Oorwinning, om te wen, om die oomblik te bemeester, is uiteindelik baie meer as om net op die telbord te wen. Oorwinning is iets wat 'n mens word. As oorwinning die dag net beskore sou wees vir die individu wat die goue medalje om sy nek kry, sou dit 'n klap in die gesig wees vir al die ander mededingers en dit sou 'n jammer dag wees vir sport en wedywering. Dit sou beteken al die ander mededingers is verloorders. Wat 'n leuen! Dit is nie waaroor die lewe gaan nie. Dit is nie kompetisie nie. Dit is nie pret en plesier nie. Ongelukkig is dit die leuen wat die wêreld aan ons verkoop sodat mense hulle waardes, norme, vreugde, karakter en lewe sal opoffer ter wille van die wêreldse erkenning wat gepaard gaan met 'n wen op die telbord of 'n goue medalje. Die lewe gaan oor baie meer as net 'n medalje. Die lewe is in werklikheid wie jy word in jou strewe om medaljes te verower.

Iemand wat soos 'n kampioen dink, dink anders en is anders as die dwaas wat dié leuen vir soetkoek opeet en begin dink alles in die lewe gaan oor 'n medalje – ongeag wie jy is en wat jy doen om dit uiteindelik te verower. Iemand wat soos 'n kampioen dink, het die vermoë om "die rose te ruik" terwyl hy op pad is om 'n medalje te probeer verower. Wanneer die druk op sy hoogste is en die meeste mense bereid is om dinge prys te gee wat werklik vir hulle belangrik is, is die persoon wat soos 'n kampioen dink in staat om te voorskyn te kom met rustige selfvertroue, passievolle selfgeldende optrede en die vermoë om die oomblik ten volle te benut. Dan is hy of sy in staat om die ekstra millimeter te gryp, om die sekonde te wen, om die asemteug te vat wat die oomblik bied. Mense wat soos verloorders dink verkrummel onder druk, hulle haat hulle teenstanders en hulle mis die sekonde en die millimeter, want hulle het nooit tyd om asem te skep nie. Uiteindelik sal hulle net vra: Wat het gebeur?

Raak rustig! Verstadig jou pas. Ruik aan die rose langs jou pad. Vang die oomblik vas met die wete dat al wat jy kan gee jou beste poging is. Jou vaardigheid is presies waar dit nou is, so nou is dit jou keuse of jy die oomblik gaan geniet en voluit leef en of jy later gaan terugkyk met die pyn van spyt. Wanneer dit voel of jou liggaam net wil weghardloop omdat die druk van die oomblik so intens is, staan vir 'n oomblik stil, maak jou oë toe en haal diep en rustig asem. Vat nog 'n heerlike asemteug. Maak jou oë oop en sien die oomblik raak, sien die rose, sien die mense, sien die geleentheid en geniet dit voluit! Leef dit nou, want dit is al wat jy het – nou. Dit is die uitdaging van die lewe: om die oomblik te leef en jouself en die uitdaging te bemeester vir wat dit is – om te weet dat jy altyd kan wen.

> Niks het betekenis nie, behalwe die
> betekenis wat ons daaraan gee.
>
> – Anoniem

Ons weet almal wat dit is om te twyfel en bekommerd te wees. Hierdie gedagtes kom so dikwels op wanneer ons 'n nuwe vaardigheid aanleer en bemeester. Dit is wanneer jy voortdurend moet dink of jy die ding reg of verkeerd doen. Dit is wanneer jy jouself bevraagteken. Die lekkerste van so oomblik is die kleinste bietjie sukses wat jy mag ervaar. Om 'n meester te word, is 'n proses van probeer, aanhou, herhaling en ervaring. Dit is die uitdaging van die lewe. Om ons droom te leef en om 'n betekenisvolle verskil te maak in hierdie wêreld. Proses beteken 'n reeks gebeure volg mekaar met verloop van tyd en ook in 'n bepaalde orde. Daar is geen kortpaadjies nie. Daar is geen manier waarop jy sekere elemente uit 'n proses kan laat nie. Elke element is uiters noodsaaklik en moet afgehandel word voordat jy na die volgende fase kan beweeg! Dit is 'n natuurlike proses van groei wat nie versnel of gemanipuleer kan word nie. Dit is die lewe.

Ons het almal ons hoogtepunte en ons laagtepunte. Ons lewe het 'n ritme. Sommige dae is jy maar net sterker en beter as ander dae – dit gebeur met elkeen van ons. In sommige kompetisies is jy in totale beheer terwyl jy in 'n volgende kompetisie kan wonder: Waar is ek? Onthou, dit gebeur met almal. Die uitdaging is nie om die ritme te stry nie, maar om in pas met jou lewensritme te kan dans. Jy moet kan aanvaar waar jy vandag is en die beste maak daarvan. As jy teen jouself stry kan jy jouself breek. Al wat jy dan bereik, is dat jy swakker te word.

Dit het met soveel potensiële sportsterre en kampioene al gebeur. Hulle het nie die volwassenheid en die wysheid om te verstaan dat hulle hulself skade berokken wanneer hulle hulself oordeel vir 'n "swak dag" nie! Wanneer dinge goed gaan, is hulle in die wolke, maar wanneer hulle ritme stadiger is of hulle 'n slegte dag beleef, stry hulle teen hulself en verguis hulself. Dan word hulle ongeduldig en dikwels spreek hulle soveel dood oor hulself dat hulle hulle toekoms daarmee kelder.

Om teen die lewe te veg is 'n uitputtende en aaklige manier van leef. Om so met die lewe te worstel beteken dat jy alles bevraagteken: jouself, jou drome, jou potensiaal en jou Skepper. Om met die lewe te worstel beteken dat jy net oorleef, soos 'n dier. Jy beweeg op die fisieke, die sigbare vlak. Jou oorwinnings is min en hulle duur net 'n oomblik, want jy verstaan nie wat gesag is nie. Jy verstaan nie wat dit beteken om beheer te neem en wyse keuses te maak nie. Jy is 'n realis en reageer bloot op wat jy sien en op wat die oomblik jou bied. Jy kyk net na die feite. Die waarheid is dat die feite nie tel nie. Wat JY glo oor wat jy sien, is wat tel.

DOEN DIT

- Wanneer jy die opwinding van kompetisie ervaar, hoe sien jy dit?

  ☐ As vrees en onsekerheid.

  ☐ As 'n sterke geloof en opgewonde afwagting.

- Voor kompetisie, is jy

  ☐ meer bang vir wat jy dalk nie kan doen nie / vir die foute wat jy kan maak.

  ☐ meer opgewonde om jouself te kan toets en vas te stel wat jy kan doen.

- Is jy in staat om in die oomblik (nou) te leef, of is jy iemand wat aan die verlede vasklou of in onsekerheid leef oor die toekoms?

  ☐ Ek kan die nou geniet en dit voluit doen.

  ☐ Ek klou vas aan die verlede.

  ☐ Ek bekommer my oor die toekoms.

- Wat soek jy?

  ☐ 'n Maklike teenstander. (Waarom wil jy dan deelneem?)

  ☐ 'n Moeilike teenstander. (Geniet die uitdaging!)

- Bepaal die uitslag hoe goed jy is? Of verstaan jy dat jy uniek is en kan jy daarom jou beste probeerslag geniet en genoegdoening daaruit put dat dit jou beste poging is?

  ☐ Wen of verloor bepaal hoe goed ek is.

  ☐ Ek geniet my heel beste poging en dis goed genoeg.

- Wat is vir jou die belangrikste?

  ☐ 'n Medalje?

  ☐ 'n Vol lewe van probeer, beter word, opwinding, ervaring en geloof?

- Is jy in staat om rustig te raak en asem te skep in 'n situasie van intense druk?

  ☐ Ja, ek doen dit gereeld en ek word al hoe beter.

  ☐ Sjoe, ek sien uit daarna.

  ☐ Ek kan nie. Ek is te verbouereerd.

- Kan jy besluit dat jy van nou af net jou heel beste poging (op daardie oomblik) gaan gee en dat die resultate vir hulleself sal sorg? Met ander woorde, sal jy ophou om jou oor die uitslag te bekommer?

  ☐ Ja, ek neem daardie besluit nou en weet dit gaan 'n fees wees!

  ☐ Wen is dan so belangrik!

- Is jy gereed vir die volle proses om 'n kampioen te word of soek jy na kortpaadjies?

  ☐ Ek is reg vir die hele proses en alles is perfek!

  ☐ Is daar nie 'n kortpaadjie nie? (Nee, daar is nie.)

- Het jy jouself al gekruisig toe jy eintlik maar net 'n slegte dag gehad het en besef jy dat dit geensins tot jou voordeel was nie?

  ☐ Nee, ek doen dit nooit nie. Ek vergewe myself maklik.

  ☐ Ek het al, maar dit sal nie weer gebeur nie.

  ☐ As ek onnosel foute maak, moet ek myself oordeel. (Regtig?)

WOORDE VAN WYSHEID

Sonder geloof is niks moontlik nie. Met geloof is niks onmoontlik nie.

– Mary Mcleod Bethune

Geloof beteken om te glo wanneer jou oë jou iets anders vertel. Iets hoef nie eens moontlik te wees voordat jy dit kan glo nie.

– Voltaire

Daar is geen wetenskaplike verklaring vir geloof nie, want wetenskap en geloof pas nie by mekaar nie.

– Rudolf Virchow

Onsekerheid is die eerste stap na geloof.

– Oscar Wilde

Geloof maak dinge moontlik – nie noodwendig maklik nie.

– Anoniem

Dit is jou geloof in iets en jou entoesiasme daaroor wat aan die lewe sy kleur gee.

– Oliver Wendell Holmes

Jou droom eindig wanneer jy toelaat dat jou vrees groter word as jou droom.

– Mary Manin Morrissey

Hoofstuk 19

DIE *ZONE*

Wat 'n geheimsinnige term: die *zone*. Dit klink so diep, so goed en so aanloklik . . . en dit is! Die *zone* is 'n plek wat deur mense, meestal sportlui, beskryf word as 'n toestand of plek waarin hulle was toe hulle uitsonderlik goed presteer het, waar hulle rekords gebreek het en waar hulle die onmoontlike reggekry het! Dit is 'n toestand of plek wat beskryf word as 'n droom, waar jy nie gedink het oor wat jy doen nie, maar waar jou liggaam eenvoudig in totale onafhanklikheid gefunksioneer het sonder dat jy bewustelik aan opdragte gedink het.

Hoe kom 'n mens in die *zone*? Kan 'n mens dit forseer? Wat is die vereistes om in die *zone* in te gaan? Talle mense het al ervaar hoe dit voel om in die *zone* te wees. Dit is nie net die bestes in die wêreld beskore nie, dit is vir enigiemand – en elkeen het sy of haar eie beskrywing en begrip daarvan. Ek was ook al daar. Miskien was jy al daar. Dit is 'n oomblik van volkome harmonie, van perfekte ritme en onbeskryfbare krag en selfvertroue.

Die vraag is: Hoe kom 'n mens weer daar? Wat moet jy doen? Hoe moet jy voorberei? Wat moet gebeur?

Die antwoord hierop is so wyd soos wat mense verskillend is van mekaar. Die antwoord wat ek hierop het, is 'n waarheid wat gevorm is deur die duisende ure van voorbereiding en kompetisie in my eie lewe, gekombineer met my interpretasie van talle sportmanne se beskrywings in persoonlike gesprekke en sessies van hulle eie ervaringe daarvan.

Die *zone* is 'n toestand of plek van totale vrede, genot en begrip waar redenasie nie 'n plek het nie. In die *zone* vind geen redekaweling plaas nie – daar is net sekerheid en vertroue. Hier tree jy op met geestelike gesag – nie met die krag van jou liggaam of van jou denke nie. In die *zone* is feite betekenisloos: Dit beïnvloed nie jou optrede nie en jy volg jou gees sonder enige twyfel of enige bevraagtekening. Hier het jy soveel gesag oor jou denke dat jou denke niks bevraagteken nie en jou liggaam tree dus op sonder enige huiwering. As jou liggaam nie huiwer nie, beteken dit dat jy deurdruk en dat jy die taak voltooi. Dit is wanneer jy sonder twyfel, met alles wat jy het, kan deurswaai, jou liggaam kan inwerp en jou volle momentum gebruik!

Die *zone* is 'n plek of toestand van absolute geloof, absolute sekerheid van wat jy nog nie kan sien nie. Dit is 'n plek van soveel sekerheid dat geen omstandighede, selfs geen feite, jou kan laat twyfel nie. Dit is 'n plek van volkome gesag waarin jy heers oor alles en alle omstandighede op hierdie aarde – soos ons oorspronklik geskep is om te doen. Jou emosies of belewenisse word nie meer deur omstandighede bepaal nie, maar net deur jou geestelike krag.

Hoe meer jy groei in geloof, hoe sekerder jy word van dinge wat jy nog nie kan sien nie en hoe makliker word dit vir jou om die *zone* binne te gaan. As jy nog nie die beginsel van geloof verstaan nie, mag jy jouself dalk herinner aan 'n oomblik toe jy daar was, maar dit is 'n rare gebeurtenis in jou lewe. Dit kan natuurlik met enigiemand gebeur, want geloof is 'n beginsel en nie 'n oortuiging nie. 'n Beginsel vereis nie jou oortuiging daarvan om te bestaan nie. 'n Beginsel bestaan ten spyte van jou oortuiging daarvan of nie! 'n Beginsel is iets soos swaartekrag. Swaartekrag bestaan ten spyte van jou oortuiging daarvan al dan nie. Jou verstaan daarvan of jou oortuiging daarvan gaan geen effek hê op die gevolge daarvan in jou lewe nie.

Geloof is dieselfde. Dit maak nie saak of jy geloof verstaan of daarin glo nie – jou lewe sal die gevolge van geloof, of die gebrek daaraan, dra. Met God is dit ook so. Dit maak nie saak of jy in God glo of nie – jou lewe sal die gevolge van God se teenwoordigheid of Sy afwesigheid baie duidelik dra.

Vir die van julle wat hierdie gedagte graag wil deurdink en beredeneer, lees gerus die volgende ware verhaal:

GOD VS WETENSKAP – 'N WARE GEBEURTENIS

"Laat ek verduidelik watter probleem die wetenskap het met die gedagte van God en geloof."

Die professor in filosofie, 'n oortuigde ateïs, bly 'n oomblik lank stil. Toe vra hy die volgende vraag vir een van die nuwe studente wat voor hom sit:

"Jy is 'n Christen, is ek reg?"

"Ja, Professor, u is reg."

"Jy glo dus in God?"

"Absoluut, Professor."

"Is God goed?"

"Ja, Professor, God is wonderlik."

"Is God almagtig, in staat om enigiets te doen?"

"Vir seker, Professor."

"Is jy goed of is jy sleg?"

"Die Bybel sê ek is boos en vol sonde, Professor."

Die professor grynslag selftevrede: "Aha! Die Bybel." Hy bly 'n oomblik lank stil.

"Hier is een vir jou: Veronderstel hier is 'n siek persoon en jy is in staat om hom gesond te maak, sal jy dit doen?"

"Ja, Professor, natuurlik sal ek."

"Dit beteken dat jy goed is?"

"Nee, ek kan nie dit sê nie."

"Waarom nie? Die meeste van ons sal 'n siek of beseerde persoon help as ons kan en dit is tog goed. Waarom help

God – wat almagtig is – dan nie mense wat siek of beseer is nie?"

Die student bly stil, en die professor gaan voort: "God help nie siek mense nie, nè? My broer was 'n Christen en hy is dood aan kanker, selfs al het hy tot God gebid en Hom gevra om hom te genees. Hoe kan God dan goed wees?"

Die student bly stil en sit aandagtig na die professor en kyk.

"Jy kan nie sê God is goed nie, kan jy?" Die professor neem 'n slukkie water uit die glas wat op sy tafel staan om die student 'n oomblik te gee om te ontspan.

"Kom ons begin weer. Is God goed?"

"H'm . . . ja, Professor," antwoord die student.

"Is Satan goed?"

"Sonder om een oomblik te weifel, antwoord die student: "Nee, Professor."

"Waar kom Satan dan vandaan?"

Die student stamel: "Van God af."

"Dis reg. God het Satan gemaak? Vertel nou vir my, is daar boosheid in hierdie wêreld?"

"Ja, Professor, daar is."

"Boosheid is oral. En God het alles gemaak, is ek reg?"

"Ja, Professor."

"Wie het dus boosheid gemaak?" gaan die professor voort.

"As God alles gemaak het, dan is God mos ook die argitek van boosheid – as dit bestaan? En volgens die beginsel dat ons werk bepaal wie ons is, beteken dit mos dat God boos is?"

Weer is daar geen antwoord van die student nie.

"Is daar siekte, immoraliteit, haat, wreedheid, allerhande ander euwels, al hierdie slegte dinge, bestaan hulle hier op aarde?"

Die student skuif ongemaklik rond in die bank. "Ja, Professor."

"Wel, wie het dit gemaak?"

Die student het weer nie 'n antwoord nie, wat die professor sy vraag laat herhaal: "Wie het dit gemaak?"

Steeds geen antwoord nie. Die professor raak ongeduldig en loop tot reg voor die klas. Almal verstar van ongemak.

"Sê my," praat hy met 'n volgende student, "Glo jy in Jesus Christus?"

Met 'n krakerige stem antwoord die student: "Ja, Professor, ek glo."

Die ou professor gaan staan ewe skielik stil: "Volgens die wetenskap het ons vyf sintuie waarmee ons dinge waarneem. Het jy Jesus al ooit gesien?"

"Nee, Professor, ek het Hom nog nooit gesien nie."

"Vertel my dan, het jy Jesus al ooit gehoor?"

"Nee, Professor, ek het nog nie."

"Kon jy Jesus al ooit voel of proe of ruik? Het jy al ooit enige sintuiglike ervaring van Jesus gehad?"

"Nee, Professor, ek is bevrees ek het nog nie."

"Tog sê jy dat jy in Hom glo?"

"Ja, Professor."

"Aan die hand van die reëls van empiriese, toetsbare en bewysbare protokol, sê die wetenskap dat jou God nie bestaan nie. Wat sê jy daarvan?"

"Niks nie, Professor," antwoord die jong student. "Ek het net my geloof."

"Ja, geloof," sê die professor. "En dit is die probleem wat die wetenskap met God het. Daar is geen bewyse nie – net geloof."

Die student staan 'n oomblik lank ingedagte voordat hy die professor 'n vraag vra: "Professor, is daar iets soos hitte?"

Die professor kyk aandagtig na die jong man voor hom en antwoord: "Ja, natuurlik is daar."

"En is daar iets soos koue?"

"Ja, daar is iets soos koue ook."

"Nee, Professor – daar is nie iets soos koue nie."

Die professor draai na sy student en kyk hom aandagtig op en af. Die hele lesingsaal is doodstil. Jy kan 'n speld hoor val. Die student begin verduidelik: "Jy kan baie hitte hê. Daar is selfs iets soos superhitte, mega-hitte, gloeihitte, 'n bietjie hitte of geen hitte, maar daar bestaan nie iets soos koue nie.

Ons kan hitte meet tot op 459,67°F onder vriespunt, wat geen hitte beteken, maar ons kan nie verder as dit gaan nie. Daar bestaan nie iets soos koue nie. Anders sou dit wel moontlik gewees het om laer te meet as minus 459,67°F.

"Elke liggaam of element is toetsbaar, meetbaar en bestudeerbaar, want dit stel energie vry en energie word gemeet in die vorm van hitte. En hitte kan ons in eenhede meet juis omdat hitte energie is. Maar ons kan nie koue meet nie. Die absolute nulpunt (minus 459,67°F) dui die totale afwesigheid van hitte aan. U sien, Professor, koue is slegs 'n woord wat ons gebruik om die afwesigheid van hitte te beskryf. Koue is nie die teenoorgestelde van hitte nie. Koue is slegs die afwesigheid daarvan."

'n Tasbare stilte heers in die lesinglokaal. Dit is of almal asem ophou.

"Wat van duisternis, Professor? Is daar iets soos duisternis?"

"Ja," antwoord die professor sonder om te huiwer. "Wat is die nag anders as duisternis?"

"U het dit weer mis, Professor. Daar bestaan nie iets soos duisternis nie. Duisternis is slegs die afwesigheid van iets. Ons kan dowwe lig hê, ons kan normale lig hê, ons kan helder lig hê, maar as jy geen lig het nie, word dit duisternis genoem. Is ek reg, Professor? Dit is tog net 'n woord wat ons gebruik om die gebrek aan lig aan te dui. In werklikheid bestaan daar nie iets soos duisternis nie. As daar so iets was, sou ons in staat wees om duisternis nog donkerder te maak, sou ons nie?"

Die professor begin glimlag en dink dit gaan 'n interessante semester wees: "Wat is die punt wat jy wil maak, jong man?"

"Professor, my punt is die filosofiese aanname wat u aan wetenskaplike definisie gekoppel het, was van die begin af verkeerd. U gevolgtrekking was ook verkeerd."

Die professor se gesig verraai sy openlike verbasing.

"Kan jy verduidelik wat jy bedoel?"

"U uitgangspunt is die aanname van dualiteit, Professor. U beweer daar is lewe en dan is daar dood – 'n goeie God en 'n bose God. U beskou God as iets wat meetbaar en definieerbaar moet wees. Professor, die wetenskap het geen verduideliking vir 'n gedagte nie.

Die wetenskap gebruik elektrisiteit en magnetisme vryelik, maar het nog nooit so iets gesien nie en kan dit nog minder verklaar. Om dood as die teenoorgestelde te sien van lewe is om mis te kyk dat dood nie as 'n meetbare of toetsbare element kan bestaan nie. Dood is nie die teenoorgestelde van lewe nie – dit is slegs die afwesigheid van lewe.

"Professor, leer u die studente dat hul oorsprong uit die aperyk is?"

"As jy verwys na die natuurlike proses van evolusie, het jy dit reg – ek doen dit."

"Het u evolusie al ooit met u eie oë gesien, Professor?"

Die professor skud sy kop en glimlag toe hy besef waarheen hierdie argument gaan.

"Aangesien niemand nog die proses van evolusie aktief waargeneem het nie en dus nie kan bewys dat dit 'n voortgaande proses is waarbinne ons ons bevind nie, is dit nie waar dat u slegs 'n opinie verkondig nie, Professor? Is u nie dalk eerder 'n prediker as 'n wetenskaplike nie?"

Die klas kom in beroering soos die studente begin bespiegel. Die jong man bly stil en totdat daar weer kalmte in die lesinglokaal is.

"Om voort te gaan met die punt wat u vroeër teenoor my klasmaat gemaak het, wil ek u 'n voorbeeld gee, Professor."

Die student kyk na die studente en vra: "Is daar enigeen van julle wat al die professor se brein gesien het?" Die hele klas bars uit van die lag.

"Is daar enigeen van julle wat al aan die professor se brein gevoel het, of dit gehoor, geruik of geproe het? Dit lyk nie of daar enigeen is nie. Dus, volgens die vasgestelde reëls van empiriese, stabiele, sigbare protokol beweer die wetenskap dat u geen brein het nie, Professor. En as die wetenskap beweer dat u nie 'n brein het nie, hoe kan ons na u lesings luister en daarop staatmaak, Professor?"

Die lesinglokaal is stil. Die professor is sonder woorde en sy gesig uitdrukkingloos.

Uiteindelik na 'n hele paar minute wat soos 'n ewigheid voel, antwoord die professor: "Ek veronderstel julle sal eenvoudig net moet glo dat wat ek sê die waarheid is."

"Nou aanvaar u dat daar iets soos geloof is, Professor, en die waarheid is dat geloof net kan bestaan met lewe? Nou ja, Professor, is daar iets soos boosheid?"

Effens onseker antwoord die professor: "Ek veronderstel daar is. Ons sien dit elke dag om ons. Dit is elke dag in die koerante. Boosheid is die oorsaak van die geweld en terrorisme wat ons oral in die wêreld sien. Hierdie manifestasies kan niks anders wees as boosheid nie."

Hierop antwoord die jong student: "Daar bestaan nie so iets soos boosheid nie, Professor. Boosheid is soos koue en duisternis. Dit is slegs 'n woord wat die mens geskep het om betekenis te gee aan die afwesigheid van iets wat wel bestaan. Boosheid dui slegs op die afwesigheid van God. God het nie boosheid gemaak nie. Boosheid is bloot die resultaat van wat gebeur as God se liefde nie in iemand is nie. Dit is soos die koue wat kom wanneer daar geen hitte is nie of soos die duisternis wat kom as die lig verdwyn."

Die professor staan net na die student en kyk, skud sy kop en gaan sit. Daar daal 'n gewyde stilte oor die lesinglokaal.

Die mens wat nie die Gees van God het nie,
aanvaar nie die dinge van die Gees van God nie.
Vir hom is dit onsin. Hy kan dit ook nie verstaan
nie, omdat dit geestelik beoordeel moet word.

— 1 Korintiërs 2:14

DOEN DIT

- Was jy al ooit in die *zone* waar jy alles net reggekry het sonder dat jy werklik nodig gehad het om te dink oor hoe om dit te doen?

  ☐ Ja, ek was en dit was versommend.

  ☐ Nee, ek was nog nie, maar ek raak sommer opgewonde daaroor.

- Verstaan jy die begrip van geloof? Waarvan is jy seker, al kan jy dit nie sien nie?

  ☐ Van God en Sy liefde vir my.

  ☐ Van die liefde van my ouers.

  ☐ Van my bereidwilligheid om 'n prys te betaal vir my droom.

  ☐ Dat alles wat met my gebeur tot my voordeel is.

  ☐ Ek is eintlik meer onseker as wat ek seker is.

  ☐ Ek weet nie.

- Hoe dink jy kan jy die *zone* bereik tensy jy jouself vertrou en glo dat alles vir jou moontlik is?

  ☐ Net een manier – ek moet dit glo.

  ☐ Ek hoop maar net dit gebeur.

  ☐ Ek het geen idee nie.

- Sien jy kans om geloof te leer glo en nie altyd alles te wil verklaar en uitredeneer nie? Dis tog baie vervelig om altyd alles te weet.

  ☐ Ja, ek wil en ek gaan en ek is opgewonde daaroor.

  ☐ Nee dankie, ek wil eerder voel ek is in beheer.

WOORDE VAN WYSHEID

Geloof is 'n sekerheid in jou hart, buite die bereik van fisieke bewyse.

— Kahlil Gibran

Die kleinste saadjie van geloof is baie meer werd as die grootste vrug van vreugde.

— Henry David Thoreau

Geloof is nie geloof totdat dit al is wat jy het nie.

— Anoniem

Vrees kan jou die hele nag wakker hou, maar geloof is 'n heerlike kussing om op te slaap.

— Anoniem

Geloof vertel ons dinge wat ons sintuie ons nie kan vertel nie, maar nie noodwendig teen wat ons sintuie ons vertel nie. Dit is verhewe bokant ons sintuie — nie teen hulle nie.

— Blaise Pascal

Om te glo, is om seker te wees van die dinge wat ons hoop, om oortuig te wees van die dinge wat ons nie sien nie. Omdat Noag geglo het, het hy God eerbiedig gehoorsaam toe hy gewaarsku is oor dinge wat nog nie gesien kon word nie. Daarom het hy die ark gebou om sy huisgesin te red.

— Hebreërs 11:1, 7

DIE LAASTE SLEUTEL

Om koelkop te wees het te doen met ons vermoë om verstandelike beheer te neem van ons liggaam. Ware outoriteit, of gesag – heerskappy oor alle wêreldse dinge, emosies, situasies en gebeur – het te doen met ons geestelike krag. Die hoogste geestelike krag lê in Jesus Christus se oorwinning oor die dood.

Jy kan soos 'n kampioen dink (jou rede en denke kan jou liggaam beheer) en jy mag dalk 'n wedstryd of twee in jou lewe wen, of jy kan verder gaan as net 'n paar oorwinnings op die telbord. Jy kan 'n lewe van totale gesag en heerskappy leef soos wat God ons gemaak het. Jy kan vorder tot 'n geestelike vlak waar jou gees sal heers oor jou liggaam en jou denke. Hier tel feite nie. Dit is hier waar jy leef nie volgens wat jy sien nie, maar volgens jou geloof. Dit is die lewe van 'n ware kampioen! Dit is 'n nimmereindigende avontuur. Dit is 'n lewe van voortdurende oorwinning, selfs al mag ander die oomblik in jou lewe as neerlae beskou. Daar bestaan nie so iets soos verloor nie. Daar is net een ding: oorwinning. En as daar nie 'n uitdaging is nie, hoe kan jy ooit wen?

> Want die wat in die vlees is, bedink vleeslike dinge (bedink en doen dinge wat die liggaamlike begeertes bevredig. Maar hulle wat in die Gees is, word beheer deur en fokus hulle gedagtes op dit wat die Heilige Gees sal bevredig.)

Want wat die vlees bedink, is die dood, maar
wat die Gees bedink, is lewe en vrede

Omdat wat die vlees bedink
vyandskap teen God is;

Want dit onderwerp hom nie aan die wet
van God nie, want dit kan ook nie.

En die wat in die vlees is, kan God nie behaag nie.

Now the mind of the flesh (which is sense
and reason without the Holy Spirit – Reality is
death [death that comprises all the miseries
arising from sin, both here and hereafter].

But the mind of the Holy Spirit is life and
[soul] peace [both now and forever].

– Romeine 8:5-6

WANNEER IS JY WERKLIK KOELKOP?

Sport

- Wanneer jy 'n terugslag kan beleef en jou eerste gedagte nie vrees of selfbejammering is nie, maar *Ek sal opstaan en terugveg met alles wat ek het!*
- Wanneer jy agter is met 9 – 0, 9 – 0 en 8 – 0 in die derde stel en dan terugveg en die wedstryd wen. (Ek het 'n persoonlike getuienis van 'n geleentheid waar presies dit gebeur het.)
- Wanneer jy teen 'n teenstander kan speel wat in die *zone* is sonder om negatief of ongelukkig te raak, maar steeds die verwagting kan hê dat die momentum in jou guns kan swaai. Of om die wedstryd te voltooi en jou teenstander geluk te wens met 'n uitsonderlike poging sonder om jou eie vermoë te bevraagteken. Onthou: Wat iemand anders doen, verander nie aan wie jy is of wat

jy kan doen nie! Soms gebeur dit dat jou teenstander in die *zone* is en alles vir hom reg uitwerk. Jy kan niks daaromtrent doen nie, behalwe om jou beste te gee en te leer uit die ervaring.

- Wanneer jy onregverdig gestraf of gepenaliseer word en jy jou daarvan weerhou om emosionele beheer te verloor. Dit wil sê jy hanteer die situasie koel en kalm en speel met krag en dryf verder. Jy laat nie toe dat iemand anders jou energie en vreugde steel nie.

- Wanneer 'n teenstander jou verkul en jy met 'n glimlag die situasie kan hanteer, sonder om beheer te verloor. Dit beteken dat jy in geestelike gesag optree en nie uit vleeslike krag nie.

- Wanneer jy 'n simpel fout kan maak, veral in situasies van groot druk en kan reageer met 'n opmerking soos: "Oeps" en 'n glimlag.

- Wanneer jy die geringste geleentheid het om oneerlik te wees – al is dit net 'n klein bietjie – maar jy dit nie doen nie.

- Wanneer dit net jy is wat bewus is van 'n fout wat jy gemaak het (byvoorbeeld aan 'n bal geraak met jou stok) en jy maak dit nietemin bekend, al kan dit jou span nadelig raak. Deur eerlik te wees, is jy vry en stel jy 'n voorbeeld van hoe 'n ware kampioen optree.

- Wanneer 'n teenstander probeer om jou te beseer, ontstel, intimideer, uit te lok en jy bloot vir hom knipoog, want jy weet presies wat hy probeer om te doen. Dit frustreer jou teenstander vreeslik wanneer jy kan voortgaan met die spel sonder om te reageer.

- Wanneer iemand jou vloek of van die kantlyn af opmerkings maak met die hoop om jou te ontstel en jy bloot kan glimlag en dit ignoreer.

- Om 'n koerantberig te sien met jou naam in groot, swart letters en jy weet . . . Dat jy dan kan wegdraai en wegloop sonder om jou nuuskierigheid te bevredig (al wat jy gaan oopdraai as jy dit lees is die kraantjie van onsekerheid). Jy kry nie sekerheid uit die opinies van ander nie – jy dra sekerheid in jou hart!

- Wanneer jy in gure en onaangename omstandighede moet deelneem en jy bewustelik besluit dat jy geen woord gaan rep oor die feite van die situasie nie. Jy neem jou voor om net te praat van hoop, opwinding, die wonderlike geleentheid en die genot wat dit jou verskaf, selfs al lyk omstandighede presies die teenoorgestelde.

- Wanneer 'n teenstander jou probeer ontsenu deur jou tyd te mors, deur met die toeskouers te praat, deur met die skeidsregter te stry, deur opmerkings oor jou spel te maak, ensovoorts. Jy besluit om dit te ignoreer en besef dat jou geestelike krag die teenstander intimideer en dat dit jou nie van stryk gaan bring nie.

- Wanneer jy kan voel dat die oomblik aangebreek het waarin momentum kan draai, waar jy jou tyd kan neem, jou risiko bereken en die sneller kan trek vir die doodskoot.

- Wanneer iemand jou droom probeer afskiet deur dit belaglik te maak of deur jou te probeer verkleineer en jy bloot kan glimlag met die wete dat hierdie nie die persoon is waarmee jy verder oor jou droom gaan praat nie. Wanneer jy weet nou is die tyd om stil te bly en iemand te soek wat die vermoë het om te verstaan en saam met jou te droom.

- Wanneer jy die gevreesde *vrees vir mislukking* ervaar en jy bewustelik kan besluit om dit te vervang met woorde van geloof, hoop en entoesiasme.

- Wanneer 'n terugslag vir jou 'n geleentheid is om terug te bons – beter en sterker as voorheen.

- Wanneer jy kan agter is sonder om jou passie te verloor omdat jy gevul is met die hoop en die verwagting dat dinge enige oomblik kan verander. Ook omdat jy weet dat jy en jou lewe baie meer is as net hierdie wedstryd of die resultaat van hierdie kompetisie.

Familie

- Wanneer jou broer of suster jou kan terg en jy kan sê: *Jy kan my nie kwaad kry nie. Ek gee nie vir jou daardie mag nie.*
- Wanneer jy 100 persent reg is in jou argument, maar kan besluit om te sê: *Ter wille van die eenheid en liefde in ons huis, laat ek dit daar.*
- Wanneer jy skinderstories oor jouself hoor en bloot kan glimlag en dit by jou laat eindig omdat jy die waarheid ken en weet dat wat ander sê nie die waarheid kan verander nie.
- Wanneer jy die argument kan verloor, maar liefde en respek kan wen.
- Wanneer jy kan vergewe en die versoeking weerstaan om later die manipulerende krag van skuldgevoelens as 'n wapen te gebruik. Uitbuiting van skuldgevoelens is die wapen van 'n verloorder.
- Jy 'n fout kan maak en jy met opregtheid om vergifnis kan vra.

Geld en Besigheid

- Wanneer jy die mag het om 'n bedrag wat jy iemand skuld, terug te hou, maar jy doen dit nie. Jy betaal dadelik.
- Jy 'n reusagtige, maar "skelm", wins kan maak en jy die geleentheid laat verbygaan sonder enige spyt.
- Wanneer jy iemand anders se fout – byvoorbeeld 'n kassier wat vergeet om 'n item op te lui – kan uitbuit, maar jy doen die nie.

- Wanneer jy per ongeluk iets kry waarvoor jy nie betaal het nie, maar jy besluit om die regte ding te doen en wel daarvoor te betaal.
- Wanneer jy, as iemand poog om jou loopbaan te saboteer, besef as jy kan leer om die persoon met wysheid te hanteer. Wanneer jy ook die dinge "buite" jou loopbaan kan hanteer word jy 'n ware meester!
- Wanneer iemand jou indoen en jy niks daaraan kan doen nie, maar jy weet: *Alles is tot my voordeel omdat ek God liefhet en in Hom glo.*
- As jy jou werk verloor en kan sê: *Hierdie is die begin van 'n wonderlike nuwe avontuur.*
- Wanneer jou besigheid misluk en jy kan sê: *Ek sal opstaan en 'n sukses maak.*
- Wanneer jy versoek word deur die aantreklikheid van wêreldse rykdom en jy in daardie oomblik met wysheid liewer die gehalte van die lewe kan kies.
- Wanneer jy in alle eerlikheid kan sê: *Ek is iemand wat gee – nie iemand wat vat nie.*

Versoekings

- Wanneer jy die televisie kan afskakel of van kanaal verander as 'n gemorsprogram wys wat vir jou van geen waarde is nie.
- Wanneer jy jou rug draai op 'n tydskrif met 'n uitlokkende voorbladfoto van 'n pragtige model sonder om net gou te loer wat jy sal misloop.
- Wanneer jou vriende jou smeek om langer te bly en meer te drink as wat jy weet jy moet en jy eerder huis toe gaan.
- Wanneer jou vriende praat oor die vleeslike begeertes van die wêreld – seks, perversiteit, mishandeling, verslawing, ensovoorts – en jy jouself verskoon en padgee uit die geselskap. Nie omdat jy hulle oordeel nie, maar omdat

jy besluit jy wil nie deel wees daarvan nie. Lees gerus die belofte in Psalm 1.

- Wanneer iemand begin kla en ander kritiseer en jy eenvoudig besluit om stil te bly.

- Wanneer iemand 'n groot ophef wil maak oor iets wat gebeur het en jy die vuur blus met woorde van vergifnis, gesag en geloof.

- Wanneer iemand sleg praat van iemand anders en jy tot daardie persoon se redding kom deur hom of haar te verdedig.

- Wanneer jy beroemd en geliefd kan word deur verkeerde dinge te doen en jy dit van die hand wys omdat jy weet beroemdheid is soos oorwinning. Dit is van korte duur en daarna sit jy vir die res van jou lewe met die herinneringe en jou gewete.

- Wanneer jy die aanloklikste, aantreklikste, begeerlikste aanbiedings kan ignoreer omdat jy genoeg wysheid het om aan die lang termyn te dink. Hierdie wysheid en gesag, om nie te swig vir korttermyngenot nie, maar die langtermynvoordele van 'n lang, gesonde, geseënde en gelukkige lewe te kies, is kenmerkend van iemand wat koelkop is.

Jy kan soos 'n kampioen dink en in 'n sekere sin baie suksesvol wees in kompetisie en die lewe, maar die werklike uitdaging lê in geestelike gesag. Geestelike gesag sal veroorsaak dat jy in alle omstandighede in beheer sal wees omdat jy in die waarheid en geloof kan lewe en nie jouself blind staar teen die "feite" van die oomblik nie. Hierdie belewenis van geestelike gesag is beskikbaar vir enigeen wat bereid is om die uitdaging te aanvaar en 'n lewe te kies wat gegrondves is op die Rots van geloof en sekerheid, ons God en Redder – Jesus Christus.

Niks kan vergelyk met 'n lewe van gesag nie, want hierin maak alles sin, alles het 'n doel en dit is 'n lewe van konstante oorwinning oor uitdagings waardeur ons altyd in die gesig gestaar sal word. Dit is nie 'n lewe van gemak nie, dit is 'n lewe van oorwinning! Vir dié van julle wat dit vind, ons sal mekaar dalk op die pad raakloop!

KOELKOP
(AS 'N GESINDHEID TEENOOR DIE LEWE)

ANTWOORD DIE VOLGENDE EERLIK:

1. Ek het my korttermyn-, mediumtermyn- en langtermyndoelwitte neergeskryf, met teikendatums daarby.

   Nee, waarom? (1) ☐

   Ek het al daaroor gedink. (2) ☐

   Ek het al daaroor gesels. (3) ☐

   Ek het al iets op papier. (4) ☐

   Ja, ek het dit gedoen. (5) ☐

2. Ek het 'n duidelike prentjie, 'n droomkaart, van hoe dit gaan lyk die dag wanneer ek my drome verwesenlik.

   Nee, dis belaglik. (1) ☐

   Ek het al daaroor gedink. (2) ☐

   Ek het al daaroor gepraat. (3) ☐

   Ek het iets op papier. (4) ☐

   Ja, jy kan kom kyk. (5) ☐

3. Ek weet presies watter vaardighede ek moet bemeester om 'n kampioen te word in die sport wat ek beoefen of om 'n meester te word op my gebied van belangstelling.

   Ek het geen idee nie. (1) ☐

   Wat is 'n vaardigheid? (2) ☐

Ek dink so. (3) ☐

Ek het 'n vae idee. (4) ☐

Ja, ek weet presies. (5) ☐

4. Ek ken die sleutels (grondbeginsels) van elkeen van hierdie vaardighede.

Wat is 'n beginsel? (1) ☐

Nee, ek weet nie. (2) ☐

Ek sal graag wil weet. (3) ☐

Ek ken van hierdie sleutels. (4) ☐

Ja, en ek leer elke dag meer. (5) ☐

5. Ek is 'n optimis; ek verwag dinge sal uitwerk. Ek sien geleenthede, nie probleme nie.

Nee, ek is 'n realis. (1) ☐

Dinge loop dikwels skeef. (2) ☐

So tussenin. (3) ☐

Ja, ek glo ek is redelik positief. (4) ☐

Ek is beslis 'n optimis. (5) ☐

6. Ek is oortuig ek sal my drome verwesenlik.

Ek moet bieg, ek verloor maklik moed. (1) ☐

Ek wonder dikwels daaroor. (2) ☐

Ek sal beslis geluk nodig hê om daarin te slaag. (3) ☐

Ek is baie positief dat ek kan. (4) ☐

Ek is 100 persent oortuig ek sal. (5) ☐

7. Ek is baie bewus van suksesgewoontes in my lewe – my manier van praat, hoe ek met mense werk, dankbaarheid, respek, ensovoorts – wat my kans op sukses beïnvloed.

Ek weet nie waarvan jy praat nie. (1) ☐

Niks is so belangrik nie. (2) ☐

Ek is maar soos ek is. (3) ☐

Ek wil meer weet daarvan. (4) ☐

Ja, ek is en ek word elke dag beter daarmee. (5) ☐

8. Ek is baie bewus van negatiewe invloede in my lewe – slegte mense, negatiewe omgewing, ongunstige omstandighede, terugslae, ongelukkige gebeurtenisse, ensovoorts.

Dit klink nogal soos ek. (1) ☐

Dinge pla my heel dikwels. (2) ☐

Van tyd tot tyd is daar dinge wat my pla en ontstel. (3) ☐

Ek verkies om dit nie so te beskou nie, maar
eerder die positiewe te soek. (4) ☐

Niks is negatief nie. Dit is alles geleenthede. (5) ☐

9. Sommige mense is net gelukkig.

Ek stem 100 persent saam. (1) ☐

Geluk speel wel 'n rol. (2) ☐

Ek is 'n bietjie onseker daaroor. (3) ☐

Ek glo nie in geluk nie. (4) ☐

Alles wat ons doen, het gevolge. Dit kom
uiteindelik neer op keuses. (5) ☐

10. Ek is oortuig alles, selfs dinge wat op die oomblik sleg voel of lyk, is tot my voordeel, want dit is wat God se Woord vir my sê.

Ag nee, man! Wees tog realisties.	(1) ☐
Nee, daar is baie slegte dinge.	(2) ☐
Ek glo geluk speel 'n groot rol.	(3) ☐
Ek glo in God en daarom sal ek deur alles kan kom.	(4) ☐
Ek stem 100 persent saam. Alles in my lewe is tot my voordeel.	(5) ☐

TOTAAL:

☐

10 – 20: Jy moet heroorweeg of jy regtig wil aangaan met wat jy doen.

20 – 40: Jy moet leer om soos 'n kampioen te dink voordat jy oorwinnings sal begin smaak.

40 – 50: Jy is op die regte pad. Die lewe is vir jou 'n goeie uitdaging en jy sal dit suksesvol kan hanteer as jy jou talente en geleenthede benut.

KOELKOP
(VOOR KOMPETISIE)

BEANTWOORD DIE VOLGENDE EERLIK:

1. Ek weet presies wat ek wil doen wanneer ek aan die komende kompetisie gaan deelneem. Ek het duidelike en spesifieke doelwitte wat ek wil bereik en vaardighede wat ek suksesvol wil uitvoer.

   Solank ek net wen. (1) ☐

   Wat is vaardighede? (2) ☐

   My afrigter sê altyd wat ek moet doen. (3) ☐

   Ja, ek het 'n paar doelwitte vir die kompetisie. (4) ☐

   Ek het duidelike, bereikbare, eenvoudige doelwitte. (5) ☐

2. Ek is opgewonde oor die komende kompetisie, want ek weet ek gaan ervaring bykry. Ek gaan ook geleenthede kry om risiko's te loop.

   Nee, ek is bang en onseker. (1) ☐

   Ek is nogal senuagtig. (2) ☐

   Ek weet nie wat om te dink nie. (3) ☐

   EK voel baie optimisties. (4) ☐

   Ek kan nie wag om myself te toets nie. (5) ☐

3. Wanneer ek dink aan die komende kompetisie, het ek 'n baie duidelike beeld van hoe ek wil voel en hoe ek die vaardighede suksesvol gaan uitvoer. Ek sien uit na die regte oomblik om dinge te doen en te probeer.

   Nee, ek is baie, baie bang en onseker. (1) ☐

   Ek voel baie gespanne. (2) ☐

Ek weet nog nie wat om te dink nie. (3) ☐

Ek is vervul met entoesiasme en opwinding.
Ek kan nie wag nie. (4) ☐

Ek is opgewonde om die regte oomblikke te geniet
en die doodskoot te gee. (5) ☐

4. Wanneer ek aan die komende kompetisie dink, besef ek dat ek baie keer dalk verkeerde besluite gaan neem, oorhaastig gaan wees, gestraf gaan word en dat ek soms kan kop verloor. Maar ek is voorbereid en ek weet wat die regte ding is om te doen wanneer so iets gebeur.

Nee, ek het nog nooit daaraan gedink nie. (1) ☐

Ek sal maar sien wat gebeur. (2) ☐

Ek tree maar op na gelang van die situasie. (3) ☐

Ek glo ek is daarop voorbereid om kalm en in
beheer te bly in alles. (4) ☐

Ek is opgewonde oor die geleentheid om sulke
situasies meesterlik te hanteer. (5) ☐

5. Wanneer ek foute maak, sal geen teenstander die genot smaak om my teleurstelling te sien nie. Ek sal in beheer bly. Teenstanders sal altyd wonder oor my.

Ek dink nie ek kan dit doen nie. (1) ☐

Partykeer, maar nie altyd nie. (2) ☐

Ek sal probeer. (3) ☐

Ek weet ek gaan dit doen. (4) ☐

Die gedagte daaraan maak my baie opgewonde. (5) ☐

6. Ek is baie bewus van momentum en ek verstaan die beginsels van ritme en vloei in die uitvoering van enige vaardigheid.

Nee, ek weet nie waarvan jy praat nie. (1) ☐

Ek is maar net gelukkig as die momentum in my guns draai. (2) ☐

Dit is maar 'n taai stryd om momentum te kry. (3) ☐

Ek verstaan dat dit gaan oor ritme en harmonie selfbeheer. (4) ☐

Ek geniet dit om my ritme te vind en in beheer te wees van al my emosies. (5) ☐

7. Ek weet al die elemente wat 'n uitwerking kan hê – die weer, skeidsregters, toeskouers, teenstanders, omstandighede, ensovoorts – vorm deel van die hele kompetisie.

Ek verskil hiervan. (1) ☐

Sommige dinge is net negatief. (2) ☐

Sommige mense is net gelukkig. (3) ☐

Ja, dit maak alles sin. (4) ☐

Dit is wat kompetisie behels en ek hou daarvan. (5) ☐

8. Ek het die vermoë om tot stilstand te kom, diep asem te haal en die oomblik te geniet te midde van intense mededinging.

Nee, onmoontlik. (1) ☐

Ek het dit nog nooit gedoen nie. (2) ☐

Ek wil baie graag. (3) ☐

Ja, ek het al. (4) ☐

Dit is van die lekkerste aspekte van mededinging. (5) ☐

9. Ek vind dikwels dat ek uitasem raak tydens kompetisie.

Ja, amper altyd. (1) ☐

Dit gebeur dikwels met my. (2) ☐

Dit gebeur soms. (3) ☐

Nee, ek voel ek is altyd in beheer. (4) ☐

Nooit, ek is lief vir kompetisie en die druk wat
daarmee gepaard gaan. (5) ☐

10. Ek verstaan dinge kan skeefloop tydens 'n kompetisie.

Ja, daar gaan altyd iets verkeerd. (1) ☐

Dit is iets waaraan ek nogal baie dink. (2) ☐

Dinge kan elke oomblik skeefloop. (3) ☐

Skeefloop is tog deel van kompetisie. (4) ☐

Alles is goed en tot my voordeel – sodat ek
dit kan baasraak. (5) ☐

TOTAAL: ☐

10 – 20: Jy moet heroorweeg of jy regtig wil aangaan
met wat jy doen.

20 – 40: Jy moet leer om soos 'n kampioen te dink
voordat jy oorwinning sal begin smaak.

40 – 50: Jy is op die regte pad. Kompetisie en druk is iets
wat jy kan hanteer en as jy jou talente gebruik
en geleenthede kry, sal jy heel waarskynlik die
paal haal.

KOELKOP

(NA AFLOOP VAN 'N KOMPETISIE WAAR JOU TEENSTANDER OP DIE TELBORD DIE OORWINNING BEHAAL HET)

BEANTWOORD DIE VOLGENDE EERLIK:

1. Ek ervaar baie stres ná hierdie kompetisie.

Ek is baie ontsteld en ongelukkig.	(1) ☐
Ek voel baie teleurgesteld.	(2) ☐
Ek weet nie wat om te dink nie.	(3) ☐
Die kompetisie was taai en intens.	(4) ☐
Ek het vandag uitstekende ervaring opgedoen.	(5) ☐

2. Ek was baie ongelukkig in die kompetisie.

Alles was teen my vandag.	(1) ☐
Ek was net ongelukkig.	(2) ☐
Ek kon net nie momentum kry nie.	(3) ☐
Ek moet my vaardighede verder verbeter en harder werk.	(4) ☐
Ek moet nog baie leer, meer dinge verstaan en harder werk.	(5) ☐

3. Gedurende die kompetisie was daar heelparty dinge wat my ontwrig het.

Ja, daar was baie dinge wat my aandag afgetrek en my ontstel het.	(1) ☐
Daar was dinge wat my gepla het.	(2) ☐
Ek kon net nie aan die gang kom nie.	(3) ☐

Ek weet nou wat ek volgende keer gaan doen
en hoe ek hierdie dinge gaan hanteer. (4) ☐

Dit was uitstekende ervaring en ek is nou baie
beter toegerus vir wanneer dit weer gebeur. (5) ☐

4. Alles het net verkeerd begin.

Ek kan nie eens onthou wat ek gedink het nie. (1) ☐

Dinge het net verkeerd geloop. (2) ☐

Ek weet nie wat gebeur het nie. (3) ☐

Ek weet wat gebeur het, maar wat doen ek
volgende keer? (4) ☐

Nou weet ek presies wat om volgende keer te
doen. (5) ☐

5. 'n Mens kan nie teen 'n skeidsregter of omstandighede
speel nie.

Dis belaglik om te wil speel teen sulke skeidsregters
of in sulke omstandighede. (1) ☐

Skeidsregters en omstandighede is 'n nagmerrie. (2) ☐

Hoe hanteer 'n mens sulke skeidsregters
en omstandighede? (3) ☐

Is daar 'n beter manier waarop ek die situasie kon
hanteer het? (4) ☐

Ek gaan 'n meester word in die hantering van sulke
mense en situasies. (5) ☐

6. My teenstanders was net te goed.

Ek haat dit om te verloor. (1) ☐

Ek voel verneder. (2) ☐

Ek het dit glad nie geniet nie. (3) ☐

Ek het vandag soveel geleer by hierdie
teenstander. (4) ☐

Dis verstommend – as my teenstander so goed kan
word, kan ek mos ook! (5) ☐

7. Ek is nie goed genoeg om die paal te haal nie.

Ek sal dit net nie regkry nie. (1) ☐

Ek twyfel of ek ooit die paal sal haal. (2) ☐

Ek dink ek moet my drome en doelwitte
aanpas. (3) ☐

Het ek gedoen wat ek kon en het ek genoeg
ervaring om nou al 'n wyse besluit te neem? (4) ☐

Ek gaan my mentor (valskerm) se mening vra en
dan met wyse insig besluit. (5) ☐

8. Die prys is net te hoog.

Ek loop die lekker dinge in die lewe mis. (1) ☐

Die prys is net te hoog om te betaal. (2) ☐

Ek is nie seker wat dit van my gaan verg om te
slaag nie. (3) ☐

Ek moet duidelikheid kry oor my doelwitte en wat
dit gaan verg om hulle te bereik. (4) ☐

Niks gaan my verhoed om my droom te
verwesenlik nie en ek sal doen wat dit ook al vra. (5) ☐

9. Hierdie ervaring is uiters noodsaaklik en dit is vir my
belangrik dat ek al hierdie dinge beleef.

Nee, dit maak seer en ek haat dit. (1) ☐

Ek hou niks daarvan nie. (2) ☐

Ek wil liewer nooit verloor nie. (3) ☐

Ja, wat 'n goeie les, en ek het wonderlike
ervaring opgedoen. (4) ☐

Om die beste te word moet ek die bestes kan
klop – ons sien mekaar weer. (5) ☐

10. My begrip van kompetisie en druk het 'n reusehupstoot gekry!

Nee, dit was net 'n vernedering.	(1) ☐
'n Mens het baie geluk nodig om te slaag.	(2) ☐
Ek het net verloor – dis al.	(3) ☐
Kompetisie gaan juis oor my vermoë om hierdie druk te hanteer.	(4) ☐
Ek hou van druk en weet ek sal dit baasraak.	(5) ☐

TOTAAL: ☐

10 – 20: Jy moet heroorweeg of jy regtig wil aangaan met wat jy doen.

20 – 40: Jy moet leer om soos 'n kampioen te dink voordat jy oorwinning sal begin smaak.

40 – 50: Jy is op die regte pad. Kompetisie en druk is iets wat jy kan hanteer en as jy jou talente gebruik en geleenthede kry, sal jy heel waarskynlik die paal haal.

KOELKOP
(NA AFLOOP VAN 'N KOMPETISIE WAAR JY DIE OORWINNAAR WAS)

BEANTWOORD DIE VOLGENDE EERLIK:

1. Ek ervaar baie stres ná hierdie kompetisie

   Ek het amper verloor vandag. (1) ☐

   Ek was regtig gelukkig om vandag te wen. (2) ☐

   Ek weet nie wat om te dink nie. (3) ☐

   Dit was 'n taai wedstryd! (4) ☐

   Dit was 'n heerlike toets en ek het geleer hoe om die doodskoot te gee. (5) ☐

2. Vandag het dinge maar net reg uitgewerk.

   My teenstander was vandag regtig baie ongelukkig. (1) ☐

   Ek het amper beheer verloor. (2) ☐

   Ek weet nie regtig wat om te dink nie. (3) ☐

   Ek was baie bewus van die momentum en ek het dit behou. (4) ☐

   Nou verstaan ek wat dit beteken om in die *zone* te wees. (5) ☐

3. Tydens die kompetisie het heelwat dinge 'n mens se aandag afgetrek.

   Ja, daar was talle ontwrigtings en ek was maar net gelukkig. (1) ☐

   Gelukkig het dit my teenstander meer gepla as vir my. (2) ☐

Dinge het maar net in my guns geswaai. (3) ☐

Ek het dit gesien en besef ek moet dit vandag
hanteer. (4) ☐

Dit was heerlik toe ek besef alles maak deel uit
van die kompetisie. (5) ☐

4. Alles het net reg begin.

Ek kan nie onthou waaraan ek gedink het nie. (1) ☐

Ek was maar net gelukkig. (2) ☐

Ek kan nie regtig sê wat gebeur het nie. (3) ☐

Ek weet – ek was gefokus op klein en
eenvoudige doelwitte. (4) ☐

Dit was wonderlik om te sien hoe die uitslag vir
homself sorg toe ek fokus op dié dinge wat ek kan
beheer. (5) ☐

5. Ek voel die skeidsregter was my goedgesind en die
omstandighede het my bevoordeel.

Sjoe, ek was werklik gelukkig. (1) ☐

Dink net hoe erg sal dit wees as dinge teen my
draai. (2) ☐

Skeidsregters en omstandighede is
werklik onvoorspelbaar. (3) ☐

Ek het vandag die skeidsregter en die
omstandighede op 'n gepaste manier hanteer. (4) ☐

My suksesvolle hantering van mense en
omstandighede verbeter by die dag. (5) ☐

6. Ek was net beter as my teenstander.

My teenstander was werklik swak vandag. (1) ☐

Dit was 'n maklike wedstryd. (2) ☐

My teenstander is baie onervare. (3) ☐

Ek is dankbaar, want ek verstaan my ervaring plaas my in 'n beter posisie. (4) ☐

Ek sal my teenstander altyd respekteer en ek besef my vaardigheidsvlak was beter as dié van my teenstander. (5) ☐

7. Ek glo ek het wat nodig is om te slaag.

Sommige mense is maar net gelukkig – soos ek. (1) ☐

Ek is daarmee gebore, dis nie vir my so besonders nie. (2) ☐

Ek is so bly dinge is vir my maklik. (3) ☐

Ek verstaan ek het spesiale talente. Wat moet my doelwitte wees? (4) ☐

Ek is opgewonde oor my droom, want dit is groot. (5) ☐

8. Ek verstaan daar is 'n prys om te betaal.

Die prys kan nie so hoog wees nie – dis dan so maklik. (1) ☐

Ag nee wat. Ek sal steeds alles kan doen wat ander doen en die paal haal. (2) ☐

Ek is nie seker wat my droom my gaan kos nie. (3) ☐

Ek besef ek kan nie ander as maatstaf gebruik nie. (4) ☐

Ek werk elke dag aan my voorbereiding, want ek weet op my pad vorentoe wag daar baie uitdagings. (5) ☐

9. Elke kompetisie is belangrik, want ek moet 'n wengewoonte kweek.

Kan nie so belangrik wees nie – dit was net te maklik. (1) ☐

Ag nee wat. Dit was sommer kinderspeletjies. (2) ☐

Sulke wedstryde mors 'n mens se tyd. (3) ☐

Dit was so belangrik, want ek kon eksperimenteer
en uitvind wat goed werk. (4) □

Die herinnering aan hierdie oorwinning is wat
ek sal onthou wanneer ek onder groot druk
verkeer! (5) □

10. My begrip van die uitwerking van kompetisie en druk
het 'n groot hupstoot gekry.

Nee wat, my teenstander was maar net baie swak. (1) □

Ek was maar net gelukkig. (2) □

Nie regtig nie. (3) □

Kompetisie gaan oor my vermoë om druk te bowe
te kom, en ek het. (4) □

Ek hou van druk en voel ek hanteer dit beter en
beter. (5) □

TOTAAL:

10 – 20: Jy moet heroorweeg of jy regtig wil aangaan
met wat jy doen.

20 – 40: Jy moet leer om soos 'n kampioen te dink
voordat jy oorwinning sal begin smaak.

40 – 50: Jy is op die regte pad. Kompetisie en druk is iets
wat jy kan hanteer en as jy jou talente gebruik
en geleenthede kry, sal jy heel waarskynlik die
paal haal.

KOELKOP – MY BELYDENIS

- Ek weet wie ek is, dat ek uniek en spesiaal is en dat my lewe 'n getuienis sal wees tot eer van my Skepper.

- Ek weet waarheen ek op pad is en ek weet dat ek sal doen wat nodig is om my droom voluit te leef. Niks sal my keer nie en ek is bereid om die prys te betaal vir 'n lewe van sukses en uitnemendheid.

- Ek spits my toe op my toekoms – op die dinge waarop ek hoop en die dinge wat ek wil hê moet gebeur. Ek het nie tyd of energie om te mors op die foute van my verlede nie, of om in vrees te lewe dat ek sal verloor nie. Verloor bestaan slegs in die gedagtes van 'n verloorder en ek weet ek is 'n gebore wenner.

- Ek weet alles wat in my lewe gebeur is tot my voordeel en dien om my toe te rus vir die volgende vlak waarheen ek gaan vorder. Ek verstaan sukses is 'n proses en nie die uiteinde nie. Sukses is wat ek word – nie wat ek bereik of wat ek het nie.

- Ek kies om uitnemend en met wysheid te leef. Ek is altyd gereed om te leer, te verstaan, te vergewe en te geniet en ek floreer onder druk.

- Alle omstandighede, alle mense, alle uitdagings bied my geleenthede om te bemeester sodat ek 'n ware kampioen en 'n ware meester kan word.

- Jy kan my met vrymoedigheid kies, want ek sal altyd 'n sterk skakel, 'n inspirasie en 'n aanwins wees vir enige span. Ek weet die lewe gaan nie oor my nie, maar oor die verskil wat ek in die lewe kan maak.

- Ek leef 'n lewe van geloof en daarom tel die feite nie. Wat ek glo oor wat ek sien, sal bepaal waarheen ek gaan. Ek weet dat niks vir my betekenis het, behalwe die betekenis wat ek daaraan gee nie!

- Ek groei elke dag in wysheid en begrip. Ek neem wyse besluite en ek is trots op my pogings. Ek doen altyd my absolute bes in alles wat ek aanpak.

- Ek wen altyd. Jy kan my dalk op die telbord wen, maar ek bly steeds 'n wenner. As ek nie die wedstryd wen nie, wen ek ervaring. Môre is ek terug en sal ek 'n waardige teenstander wees.

- Wetenskap is wonderlik, maar God is baie beter. God bring meer vreugde, meer oorvloed, meer opwinding as al die "feite" en wetenskap saam. 'n Lewe van geloof is 'n lewe van oorwinning.